Dr. med. Eben Alexander

BLICK IN DIE EWIGKEIT

Die faszinierende Nahtoderfahrung
eines Neurochirurgen

Aus dem Englischen übersetzt
von Juliane Molitor

WILHELM HEYNE VERLAG
MÜNCHEN

Die amerikanische Originalausgabe erschien 2012 unter dem Titel
Proof of Heaven bei Simon & Schuster, Inc., New York, USA.

Der Verlag behält sich die Verwertung der urheberrechtlich
geschützten Inhalte dieses Werkes für Zwecke des Text-
und Data-Minings nach § 44 b UrhG ausdrücklich vor.
Jegliche unbefugte Nutzung ist hiermit ausgeschlossen.

Penguin Random House Verlagsgruppe FSC® N001967

25. Auflage
Taschenbucherstausgabe 05/2016

Copyright © 2012 by Eben Alexander, M.D.
Copyright © 2013 der deutschsprachigen Ausgabe
by Ansata Verlag, München,
in der Penguin Random House Verlagsgruppe GmbH
Copyright © 2016 dieser Ausgabe
by Wilhelm Heyne Verlag, München,
in der Penguin Random House Verlagsgruppe GmbH,
Neumarkter Straße 28, 81673 München
produktsicherheit@penguinrandomhouse.de
(Vorstehende Angaben sind zugleich Pflichtinformationen nach GPSR)

Alle Rechte sind vorbehalten.
Redaktion: Anita Krätzer
Umschlaggestaltung: Guter Punkt, München
Umschlagmotive: © Irina Matskevich/shutterstock
sowie Nixx Photography/shutterstock
Satz: satz-bau Leingärtner, Nabburg
Druck und Bindung: GGP Media GmbH, Pößneck
Printed in Germany
ISBN 978-3-453-70312-4

www.heyne.de

Ich widme dieses Buch meiner gesamten liebevollen Familie in unendlicher Dankbarkeit.

Inhalt

Vorwort

Aber ebenso klar ist es, dass von dem, was ist, kein Weg führt
zu dem, was sein soll.

Albert Einstein (1879–1955)

Als Kind träumte ich oft vom Fliegen. Meistens stand ich
nachts im Hof unseres Hauses, schaute hoch zu den Sternen und schwebte plötzlich nach oben. Die ersten paar
Zentimeter ergaben sich automatisch. Aber bald stellte ich
fest, dass mein Fortschritt, je höher ich schwebte, umso
mehr von mir selbst abhing – davon, was *ich* tat. Wenn ich
zu begeistert war, mich zu sehr von dem Erlebnis hinrei-
ßen ließ, stürzte ich wieder zu Boden ... und landete hart.
Aber wenn ich fast unbeteiligt und locker blieb, hob ich ab
und stieg schneller und immer schneller in den Sternen-
himmel hinauf.

Vielleicht waren diese Träume ein Grund, warum ich
mich, als ich älter wurde, in Flugzeuge und Raketen und
überhaupt in alles verliebte, was mich vielleicht in jene über
dieser liegende Welt zurückbringen würde. Wenn ich mit
meiner Familie im Flugzeug unterwegs war, klebte mein
Gesicht vom Start bis zur Landung am Fenster. Im Sommer 1968, als ich vierzehn war, gab ich das ganze Geld, das
ich durch Rasenmähen verdiente, für Segelflugstunden bei

einem Typen namens Gus Street aus. Der Unterricht fand am Strawberry Hill statt, einem kleinen Grasstreifen->>Flughafen<< westlich von Winston-Salem, North Carolina, der Stadt, in der ich aufgewachsen bin. Ich erinnere mich immer noch, wie ich mein Herz pochen fühlte, als ich den großen, kirschroten Knopf zog und damit die Leine löste, die mich mit dem Schleppflugzeug verband, und mein Segelflugzeug in Richtung Feld eindrehte. Ich fühlte mich zum ersten Mal wirklich allein und frei. Die meisten meiner Freunde hatten dieses Gefühl in Autos, aber für mein eigenes Geld in dreihundert Meter Höhe in einem Segelflugzeug zu sitzen schlug diesen Nervenkitzel um das Hundertfache.

In den 1970er-Jahren schloss ich mich dem Fallschirmspringer-Team der University of North Carolina (UNC) an. Es fühlte sich wie eine geheime Bruderschaft an – eine Gruppe von Menschen, die über etwas Spezielles und Magisches Bescheid wussten. Mein erster Sprung war furchterregend und der zweite sogar noch mehr. Aber als ich bei meinem zwölften Sprung aus der Tür des Flugzeugs trat und mehr als dreihundert Meter tief fallen musste, bevor ich meinen Fallschirm öffnen durfte (meine erste >>Zehnsekundenverzögerung<<), wusste ich, dass ich >>zu Hause<< war. In meiner Zeit am College machte ich 365 Fallschirmsprünge und verbrachte über dreieinhalb Stunden im freien Fall, hauptsächlich in Formationen mit bis zu fünfundzwanzig Mitspringern. Obwohl ich 1976 mit dem Fallschirmspringen aufhörte, hatte ich weiterhin lebhafte Träume davon, die immer sehr angenehm waren.

Die besten Sprünge fanden oft am Spätnachmittag statt, wenn die Sonne hinter dem Horizont zu verschwinden begann. Es ist schwer, das Gefühl zu beschreiben, das ich bei solchen Sprüngen hatte: Es war ein Gefühl, mich an etwas anzunähern, das ich nie recht benennen konnte, von dem ich aber wusste, dass ich mehr davon haben musste. Es war nicht wirklich Einsamkeit, denn die Art und Weise, wie wir das Fallschirmspringen betrieben, hatte nichts mit Einsamkeit zu tun. Wir sprangen zu fünft, zu sechst, manchmal zu zehnt oder zu zwölft gleichzeitig und bildeten im freien Fall Formationen. Je größer und herausfordernder, desto besser.

An einem schönen Herbstsamstag im Jahr 1975 kamen die anderen UNC-Springer und ich mit einigen unserer Freunde in einem Fallschirmspringerzentrum im Osten von North Carolina zusammen, um ein paar Formationen zu springen. Bei unserem vorletzten Sprung des Tages aus einer D18 Beechcraft und einer Höhe von 3 200 Metern bildeten wir mit zehn Mann eine Schneeflocke. Wir schafften es, eine vollständige Formation zu bilden, bevor wir 2 100 Meter nach unten fielen, und konnten uns daher ganze achtzehn Sekunden daran erfreuen, in dieser Formation durch einen lichten Abgrund zwischen zwei sich auftürmenden Kumuluswolken zu fallen, bevor wir uns auf 1 000 Meter losließen und auseinanderdrifteten, um unsere Fallschirme zu öffnen.

Als wir den Boden erreichten, stand die Sonne schon ganz tief. Aber wir eilten zu einem anderen Flugzeug und hoben schnell noch einmal ab und schafften es dadurch, noch einmal in die letzten Sonnenstrahlen zu fliegen und einen zweiten Sonnenuntergangssprung zu machen. Dabei bekamen zwei Nachwuchsmitglieder ihre erste Chance, in eine Formation einzufliegen – das heißt, sich der Formation von außen anzuschließen, statt deren Basis oder Angelpunkt zu sein (Letzteres ist einfacher, weil man im Prinzip nur die Aufgabe hat, gerade nach unten zu fallen, während alle anderen auf einen zumanövrieren). Es war aufregend für die beiden Nachwuchsspringer, aber auch für diejenigen von uns, die mehr Erfahrung hatten, weil wir das Team aufbauen und etwas zu der Erfahrung von Springern beitragen konnten, die später in der Lage sein würden, noch größere Formationen mit uns zu bilden.

Ich sollte der Letzte sein, der für einen Sechs-Mann-Sternversuch über den Rollfeldern des kleinen Flughafens am Stadtrand von Roanoke Rapids, North Carolina, aus dem Flugzeug sprang. Der Typ, der unmittelbar vor mir sprang, hieß Chuck. Chuck hatte ziemlich viel Erfahrung im Bilden von Formationen für den freien Fall. In 2 300 Meter Höhe schien immer noch die Sonne, aber tief unter uns wurden schon die Straßenlaternen angeschaltet. Sprünge in der Dämmerung waren immer außergewöhnlich, und dieser sollte ganz eindeutig ein wunderschöner werden.

Obwohl ich nur etwa eine Sekunde nach Chuck aus dem Flugzeug aussteigen würde, musste ich mich beeilen, um die anderen noch zu erwischen. In den ersten rund sieben Sekunden würde ich kopfüber wie eine Rakete senkrecht nach unten schießen. Dies würde bewirken, dass ich fast 160 Kilometer pro Stunde schneller sank als meine Freunde, wodurch ich sofort bei ihnen sein konnte, nachdem sie die anfängliche Formation gebildet hatten.

Die übliche Prozedur bei Formationssprüngen sieht vor, dass sich die Springer in etwa 1 000 Meter Höhe loslassen und so weit wie möglich von der Formation entfernen. Dann winkt jeder mit den Armen (und kündigt damit den bevorstehenden Einsatz seines Fallschirms an), wendet den Blick nach oben, um sicherzustellen, dass niemand über ihm schwebt, und zieht die Reißleine.

»Drei, zwei, eins … los!«

Die ersten vier Springer stiegen aus, Chuck und ich folgten ihnen auf dem Fuß. Kopf voran näherte ich mich mit einem Hechtsprung meiner Endgeschwindigkeit und lächelte, als ich die Sonne an jenem Tag zum zweiten Mal untergehen sah. Nachdem ich zu den anderen hinuntergeflitzt war, wollte ich die Luftbremse ziehen, indem ich meine Arme ausbreitete (wir hatten Gewebeflügel von den Handgelenken bis zu den Hüften, die enormen Widerstand boten, wenn sie bei hoher Geschwindigkeit ganz aufgebläht wurden) und die ausgestellten Arme und Hosenbeine meines Springeranzugs geradewegs in die entgegenkommende Luft hielt.

Aber ich hatte keine Chance.

Als ich auf die Formation zustürzte, sah ich, dass einer der neuen Springer zu schnell dazugekommen war. Vielleicht hatte ihn der rasante Fall an den benachbarten Wolken vorbei ein wenig kopfscheu gemacht. Er erinnerte ihn daran, dass er sich mit etwa sechzig Meter pro Sekunde auf den gigantischen Planeten unter ihm zubewegte, der teilweise in zunehmende Dunkelheit gehüllt war. Statt also langsam an den Rand der Formation anzuschließen, plumpste er hinein und schlug alle auseinander.

Jetzt taumelten die fünf anderen Springer unkontrolliert nach unten.

Sie waren auch viel zu nah beieinander. Ein Fallschirmspringer lässt einen extrem turbulenten Strom Niederdruckluft hinter sich. Wenn ein anderer Springer in diese Spur gerät, beschleunigt er sofort und kann mit der Person unter ihm zusammenstoßen. Dies wiederum kann dazu führen, dass beide Springer an Tempo gewinnen und auf jemanden aufprallen, der möglicherweise unter ihnen ist. Kurz, damit ist die Katastrophe vorprogrammiert.

Ich richtete meinen Körper aus und zog von der Gruppe weg, um dem taumelnden Durcheinander zu entgehen. Ich manövrierte so lange, bis ich genau über dem »Spot« nach unten fiel, einem magischen Punkt am Boden, über dem wir unsere Fallschirme für den gemächlichen zweiminütigen Sinkflug öffnen sollten.

Ich schaute mich um und war erleichtert, als ich sah, dass die orientierungslosen Springer jetzt auseinanderzogen und damit den tödlichen Pulk auflösten.

Chuck war dort unter ihnen. Doch zu meiner Überraschung driftete er genau in meine Richtung und kam direkt unter mir zum Stehen. Nun, nachdem die Gruppe ins Taumeln gekommen war, stießen wir, schneller als Chuck erwartet hatte, aus 600 Meter Höhe nach unten. Vielleicht dachte er, er habe das Glück, sich nicht wirklich an die Regeln halten zu müssen.

Er sieht mich wahrscheinlich nicht. Der Gedanke hatte gerade genug Zeit, mir durch den Kopf zu schießen, bevor Chucks bunter Hilfsfallschirm aus seinem Rucksack aufblühte. Sein Hilfsfallschirm fing die 193-km/h-Bö ein, die ihn umwehte, und sauste gerade auf mich zu, während er den Hauptfallschirm aus seiner Hülle zog.

Ab dem Moment, in dem ich Chucks Hilfsfallschirm auftauchen sah, hatte ich den Bruchteil einer Sekunde, um zu reagieren. Es wäre nämlich eine Sache von weniger als einer Sekunde gewesen, durch seinen sich entfaltenden Hauptfallschirm zu stürzen und – ziemlich wahrscheinlich – genau auf Chuck selbst. Wenn ich mit dieser Geschwindigkeit auf eines seiner Gliedmaßen – einen Arm oder ein Bein – getroffen wäre, hätte ich es glatt abgerissen und mir dabei selbst einen verhängnisvollen Stoß versetzt. Wenn ich auf seinen Rumpf geprallt wäre, hätte dies unsere beiden Körper regelrecht explodieren lassen.

Menschen sagen, dass sich in Situationen wie diesen alles ganz langsam bewegt, und das stimmt. Mein Verstand beobachtete die Handlung in den Mikrosekunden, die nun folgten, als sähe ich mir einen Film in Zeitlupe an.

In dem Moment, in dem ich den Hilfsfallschirm sah, flogen meine Arme an die Seiten meines Körpers. Ich streckte mich zum Sturzflug und knickte dabei in der Hüfte ein klein wenig ein. Die Vertikalität erhöhte meine Geschwindigkeit, und die Beugung erlaubte meinem Körper, zunächst eine kleine horizontale Bewegung zu machen und dann einen ganzen Schub, weil mein Körper zu einem effizienten Flügel wurde, der mich an Chuck vorbeischwirren ließ, und zwar genau vor seinem in allen Farben erblühenden Hochleistungsfallschirm.

Ich sauste mit mehr als 240 Kilometern pro Stunde oder 67 Metern pro Sekunde an ihm vorbei. Angesichts dieser

Geschwindigkeit bezweifle ich, dass er den Ausdruck in meinem Gesicht sehen konnte. Aber wenn, dann hätte er einen Ausdruck des schieren Erstaunens gesehen. Irgendwie hatte ich in Mikrosekunden auf eine Situation reagiert, mit der ich nicht hätte umgehen können, wenn ich Zeit gehabt hätte, darüber nachzudenken, weil sie mir viel zu komplex gewesen wäre.

Und doch – ich *war* damit umgegangen, und wir beide konnten sicher landen. Es war, als habe mein Gehirn in dem Moment, in dem es mit einer Situation konfrontiert war, die mehr als seine übliche Fähigkeit zu antworten erforderte, Superkräfte aufgeboten.

Wie hatte ich das gemacht? Im Laufe meiner mehr als zwanzigjährigen Karriere in wissenschaftlicher Neurochirurgie, in der ich das Gehirn erforschte, beobachtete, wie es arbeitet, Gehirnoperationen vornahm, hatte ich reichlich Gelegenheit, über genau diese Frage nachzudenken. Ich machte schließlich die Tatsache dafür verantwortlich, dass das Gehirn ein wirklich außergewöhnlicher Apparat ist – viel außergewöhnlicher, als wir es uns überhaupt vorstellen können.

Jetzt wird mir klar, dass die wahre Antwort auf diese Frage noch viel tiefgründiger ist. Aber ich musste eine vollkommene Metamorphose meines Lebens und meiner Weltsicht durchlaufen, um einen kurzen Blick auf diese Antwort werfen zu können. Dieses Buch handelt von den Ereignissen, die meine Meinung darüber änderten. Sie überzeugten mich davon, dass mir an jenem Tag gar nicht mein Gehirn, auch wenn es ein wunderbarer Mechanismus ist, das Leben gerettet hatte. Was in der

Sekunde, in der sich Chucks Fallschirm zu öffnen begann, aktiv wurde, war ein anderer, viel tieferer Teil von mir. Ein Teil, der sich so schnell bewegen konnte, weil er nicht durch die Zeit eingeschränkt wurde, wie es Gehirn und Körper werden.

Es war derselbe Teil von mir, der in meiner Kindheit dieses Heimweh nach den Himmeln in mir ausgelöst hatte. Es ist nicht nur der klügste Teil von uns, sondern auch der tiefgründigste, doch die meiste Zeit meines Erwachsenenlebens konnte ich nicht daran glauben.

Aber jetzt glaube ich daran, und auf den folgenden Seiten werde ich Ihnen erzählen, warum.

* * *

Ich bin Neurochirurg. Mein Studium an der University of North Carolina, Chapel Hill, habe ich 1976 mit Chemie als Hauptfach abgeschlossen. Meinen Doktortitel bekam ich 1980 an der Medizinischen Hochschule der Duke University. Während meines elfjährigen Medizinstudiums mit Facharztausbildung im Universitätsklinikum von Duke sowie im Massachusetts General Hospital und in Harvard spezialisierte ich mich auf Neuroendokrinologie, die sich mit der Verknüpfung von Nervensystem und endokrinem System befasst. Letzteres setzt sich aus einer Reihe von Drüsen zusammen, welche die Hormone ausschütten, die zur Steuerung der meisten Körperaktivitäten gebraucht werden. Zwei dieser elf Jahre verbrachte ich damit zu erforschen, wie Blutgefäße in einem bestimmten Bereich des Gehirns pathologisch reagieren, wenn Blut aus einem

Aneurysma hineingepresst wird – ein Syndrom, das als zerebraler Vasospasmus* bekannt ist.

Nachdem ich dank eines Forschungsstipendiums eine Ausbildung in zerebrovaskulärer Neurochirurgie in Newcastle upon Tyne in Großbritannien absolviert hatte, arbeitete ich fünfzehn Jahre lang als außerordentlicher Professor für Chirurgie mit Spezialgebiet Neurochirurgie an der Harvard Medical School. In jenen Jahren operierte ich zahllose Patienten, viele davon mit ernsten, lebensbedrohlichen Gehirnleiden.

Ein großer Teil meiner Forschungstätigkeit beinhaltete die Entwicklung zukunftsweisender technischer Verfahren wie der Radiochirurgie (SRS, Stereotactic Radiosurgery), einer Technik, die es Chirurgen ermöglicht, bestimmte Ziele in den Tiefen des Gehirns hochpräzise zu bestrahlen, ohne angrenzende Bereiche zu tangieren. Ich war auch an der Entwicklung neurochirurgischer Verfahren beteiligt, die sich der Magnetresonanztomografie bedienen und bei schwer zu behandelnden Gehirnleiden wie Tumoren und Gefäßerkrankungen eingesetzt werden. In jenen Jahren habe ich außerdem als Autor oder Koautor mehr als 150 Buchbeiträge und Artikel in medizinischen Fachzeitschriften veröffentlicht und meine Forschungsergebnisse auf mehr als zweihundert Medizinkongressen in der ganzen Welt präsentiert.

Kurz: Ich hatte mich ganz der Wissenschaft verschrieben. Es war meine Berufung, Menschen mit den Mitteln der modernen Medizin zu helfen, sie zu heilen und mehr

---

* eine krampfhafte Verengung von Gehirnarterien, Anm. d. Verlags

darüber zu erfahren, wie der menschliche Körper und das Gehirn arbeiten. Ich pries mich unermesslich glücklich, diese Berufung gefunden zu haben. Und was noch wichtiger war: Ich hatte eine schöne Frau und zwei wunderbare Kinder, und obwohl ich auf vielerlei Weise mit meiner Arbeit verheiratet war, kam meine Familie, die ich für den anderen großen Segen in meinem Leben hielt, nicht zu kurz. In mehrfacher Hinsicht war ich ein sehr glücklicher Mann, und das wusste ich auch.

Doch am 10. November 2008 – ich war damals 54 Jahre alt – schien mein Glück zu Ende zu gehen. Ich bekam eine seltene Krankheit und fiel sieben Tage lang ins Koma. In dieser Zeit war mein gesamter Neokortex – die Hirnrinde, also jener Teil des Gehirns, der uns zu Menschen macht – stillgelegt. Außer Betrieb. Im Prinzip nicht mehr vorhanden.

Wenn Ihr Gehirn nicht mehr da ist, sind auch Sie nicht mehr da. Als Neurochirurg habe ich im Laufe der Jahre viele Geschichten von Menschen gehört, die Seltsames erlebt haben, in der Regel nach einem Herzstillstand; Geschichten von Reisen durch geheimnisvolle, wunderbare Landschaften, von Gesprächen mit verstorbenen Verwandten – sogar von Begegnungen mit Gott selbst.

Wunderbare Sachen, keine Frage. Aber meiner Meinung nach war all das reine Fantasie. Was rief die jenseitigen Erfahrungen hervor, von denen solche Leute so oft berichteten? Ich behauptete nicht, es zu wissen, aber *was* ich wusste, war, dass sie auf dem basieren, was sich im Gehirn abspielt. Und das gilt für das gesamte Bewusstsein. Wenn man kein funktionierendes Gehirn hat, kann man nicht bewusst sein.

Das liegt daran, dass das Gehirn die Maschine ist, die das Bewusstsein überhaupt erst erzeugt. Wenn diese Maschine ihre Funktion einstellt, kommt auch das Bewusstsein zum Erliegen. So ungemein kompliziert und mysteriös die tatsächliche Mechanik der im Gehirn ablaufenden Prozesse auch sein mag, im Prinzip ist es einfach: Wenn man den Stecker zieht, geht der Fernseher aus. Die Vorstellung ist zu Ende, wie sehr sie Ihnen auch gefallen haben mag.

So oder ähnlich hätte ich es Ihnen erklärt, bevor mein eigenes Gehirn abstürzte.

Während ich im Koma lag, arbeitete mein Gehirn nicht etwa unzureichend, es arbeitete *überhaupt nicht.* Mittlerweile glaube ich, dies könnte ein Grund für die Tiefe und Intensität des Nahtoderlebnisses gewesen sein, das ich hatte, während ich im Koma lag. Viele der Nahtoderlebnisse, von denen berichtet wird, passieren, während das Herz des Betreffenden für eine Weile stillsteht. In diesen Fällen ist der Neokortex zeitweise inaktiviert, nimmt aber in der Regel nicht zu viel Schaden, wenn der Durchfluss von sauerstoffreichem Blut durch Herz-Lungen-Reanimation oder Reaktivierung der Herzfunktion innerhalb von etwa vier Minuten wiederhergestellt wird. Aber in meinem Fall war der Neokortex vollständig ausgeschaltet. Ich machte Bekanntschaft mit der Realität einer Bewusstseinswelt, die *völlig frei von den Beschränkungen meines physischen Gehirns* existierte.

Ich erlebte regelrecht einen ganzen Ansturm von Nahtoderlebnissen. Als praktizierender Neurochirurg, der jahrzehntelang geforscht und praktisch im Operationssaal gearbeitet hat, bin ich in einer überdurchschnittlich guten

Position, um nicht nur die Realität zu beurteilen, sondern auch die *Tragweite* dessen, was mir passiert ist.

Diese Tragweite ist so gewaltig, dass es sich nicht beschreiben lässt. Meine Erfahrung hat mir gezeigt, dass der Tod des Körpers und des Gehirns nicht das Ende des Bewusstseins ist – dass die menschliche Erfahrung über das Grab hinausgeht. Und was noch wichtiger ist: Es dauert unter dem Blick eines Gottes fort, der jeden von uns liebt, der sich um uns alle kümmert und darum, wohin das Universum selbst und alle Wesen in ihm letztendlich gehen.

Der Ort, an den ich ging, war real. Real in einer Weise, die das Leben, das wir hier und jetzt führen, im Vergleich dazu wie einen Traum erscheinen lässt. Das bedeutet allerdings keineswegs, dass ich das Leben, das ich jetzt führe, nicht zu schätzen weiß. In der Tat schätze ich es mehr als je zuvor. Ich schätze es, weil ich jetzt alles in seinem wahren Zusammenhang sehe.

Dieses Leben ist nicht sinnlos. Doch das können wir von hier aus nicht erkennen – zumindest meistens nicht. Was mir passierte, während ich im Koma lag, ist zweifellos die wichtigste Geschichte, die ich jemals erzählen werde. Aber es ist schwierig, diese Geschichte zu erzählen, weil sie dem üblichen Verständnis so fremd ist. Ich kann sie nicht einfach hinausposaunen. Gleichzeitig basieren meine Schlüsse auf einer medizinischen Analyse meiner Erfahrung und auf meiner Vertrautheit mit den neuesten Ansichten der Hirnforschung und der Bewusstseinsforschung. Nachdem ich die Wahrheit hinter meiner Reise erkannt hatte, wusste ich, dass ich darüber sprechen *musste*. Und das auf die richtige Weise zu machen ist zur wichtigsten Aufgabe meines Lebens geworden.

Das soll nicht heißen, dass ich meine medizinische Arbeit und mein Leben als Neurochirurg aufgegeben hätte. Aber nun, wo ich das Privileg hatte zu verstehen, dass unser Leben nicht mit dem Tod des Körpers oder des Gehirns endet, sehe ich es als meine Pflicht, als meine Berufung an, Menschen von dem zu erzählen, was ich jenseits des Körpers und jenseits dieser Erde gesehen habe. Es geht mir ganz besonders darum, meine Geschichte jenen Menschen zu erzählen, die früher vielleicht schon ähnliche Geschichten wie meine gehört haben und sie auch glauben wollten, es aber nicht ganz konnten. Diesen Menschen – vor allen anderen – widme ich dieses Buch und die Botschaft, die es enthält. Was ich Ihnen zu erzählen habe, ist mindestens so wichtig wie alles, was irgendjemand sonst Ihnen erzählen wird – und es ist wahr.

1

Der Schmerz

Lynchburg, Virginia, 10. November 2008

Ich schlug die Augen auf. In der Dunkelheit unseres Schlafzimmers konzentrierte ich mich auf die rotglühende Anzeige des Weckers: 4:30 Uhr – eine Stunde, bevor ich normalerweise aufstand, um mich auf die siebzigminütige Fahrt von unserem Haus in Lynchburg, Virginia, zu meinem Arbeitsplatz an der Focused Ultrasound Surgery Foundation in Charlottesville zu machen. Holley, meine Frau, schlief noch immer fest neben mir.

Nachdem ich fast zwanzig Jahre lang im Großraum Boston als Wissenschaftler in der Neurochirurgie gearbeitet hatte, war ich 2006 mit Holley und unserer Familie ins Hochland von Virginia gezogen. Holley und ich hatten uns im Oktober 1977 kennengelernt – zwei Jahre nachdem wir beide das College beendet hatten. Holley arbeitete auf einen Master in bildender Kunst hin, und ich war an der Medizinischen Hochschule. Sie hatte sich ein paar Mal mit Vic verabredet, meinem Zimmergenossen vom College. Eines Tages brachte er sie mit und stellte sie mir vor – vermutlich, um mit ihr anzugeben. Als sie wieder gingen, sagte ich Holley, sie könne jederzeit wiederkommen, und fügte hinzu, sie brauche sich nicht verpflichtet zu fühlen, Vic mitzubringen.

Als wir unser erstes richtiges Date hatten, fuhren wir zu einer Party nach Charlotte, North Carolina, zweieinhalb Stunden mit dem Auto hin und genauso lang wieder zurück. Holley hatte eine Kehlkopfentzündung. Ich musste also 99 Prozent zu dem beisteuern, was auf dieser Fahrt gesprochen wurde. Es war einfach.

Wir heirateten im Juni 1980 in der Bischofskirche zum Heiligen Thomas in Windsor, North Carolina, und zogen kurz darauf in die Royal Oaks Apartments in Durham, wo ich als Chirurg am Duke arbeitete. Unsere Wohnung war jedoch alles andere als königlich, und ich kann mich auch nicht daran erinnern, dort irgendwelche Eichen gesehen zu haben. Wir hatten sehr wenig Geld, aber wir waren beide so beschäftigt und so glücklich miteinander, dass es uns nichts ausmachte.

Eine unserer ersten Urlaubsreisen war eine Camping-fahrt im Frühjahr an die Strände von North Carolina. Der Frühling ist die Stechmückensaison in Carolina, und unser Zelt bot nicht viel Schutz vor ihnen. Trotzdem hatten wir viel Spaß. Als ich eines Nachmittags vor Ocracoke in der Brandung schwamm, entwickelte ich eine Methode, die blauschaligen Krebse zu fangen, die um meine Füße huschten. Wir nahmen eine ganze Ladung mit ins Pony Island Motel, wo ein paar Freunde von uns untergebracht waren, und brieten die Krebse dort auf dem Grill. Es waren genug für alle. Trotz unserer Sparmaßnahmen dauerte es jedoch nicht lange, bis wir nur noch beunruhigend wenig Bargeld hatten. Wir wohnten bei unseren besten Freunden Bill und Patty Wilson und beschlossen aus einer Laune heraus, sie zu einer Bingo-Nacht zu begleiten. Bill ging seit zehn Jahren den ganzen Sommer lang jeden Donnerstag Bingo spielen und hatte noch nie gewonnen. Für Holley war es das erste Mal. Nennen Sie es Anfängerglück oder göttliches Eingreifen, jedenfalls gewann sie zweihundert Dollar, die sich für uns wie fünftausend Dollar anfühlten. Mit dem Geld konnten wir unsere Reise verlängern und sie erheblich entspannter genießen.

1980 machte ich meinen M. D., während Holley ihren Master machte und ihre Laufbahn als Künstlerin und Lehrerin begann. 1981 führte ich meine erste eigene Gehirnoperation am Duke durch. Unser ältester Sohn, Eben IV., wurde 1987 im Princess Mary Maternity Hospital in Newcastle upon Tyne, Nordengland, geboren, als ich mich als Stipendiat auf der dortigen Station für zerebrovaskuläre Erkrankungen aufhielt, und unser jüngerer Sohn, Bond, wurde 1998 im Brigham & Women's Hospital in Boston geboren.

Ich arbeitete fünfzehn Jahre lang an der Harvard Medical School und im Brigham & Women's Hospital. Ich liebte meine Arbeit, und unserer Familie gefielen jene Jahre im Großraum Boston. Aber im Jahr 2005 fanden Holley und ich, es sei an der Zeit, in den Süden zurückzukehren. Wir wollten näher bei unseren Familien sein, und ich sah den Umzug als Chance, etwas selbstständiger zu werden, als ich es in Harvard gewesen war. Im Frühjahr 2006 fingen wir also in Lynchburg im Hochland von Virginia noch einmal ganz von vorn an. Es dauerte nicht lange, bis wir uns wieder an das entspanntere Leben gewöhnt hatten, das wir beide noch aus der Zeit kannten, als wir im Süden aufgewachsen waren.

Einen Moment lang lag ich nur da und versuchte herauszufinden, was mich aufgeweckt hatte. Der vorangegangene Tag, ein Sonntag, war sonnig, klar und ein wenig frisch gewesen – ein für Virginia klassisches Wetter im Spätherbst. Holley, Bond (damals zehn Jahre alt) und ich waren bei Nachbarn zum Grillen gewesen. Am Abend hatten wir mit unserem Sohn Eben IV. (damals zwanzig) telefoniert. Er studierte im ersten Semester an der University of Delaware. Der einzige Wermutstropfen an diesem Tag war der kleine Atemwegsinfekt gewesen, den Holley, Bond und ich schon seit einer Woche mit uns herumschleppten. Kurz bevor ich zu Bett gegangen war, hatte mein Rücken angefangen wehzutun. Also hatte ich schnell ein Bad genommen, was die Schmerzen zunächst vertrieben hatte. Ich fragte mich, ob ich so früh aufgewacht war, weil der Virus immer noch irgendwo in meinem Körper lauerte.

Ich veränderte meine Lage im Bett ein wenig. Da schoss eine Welle des Schmerzes meine Wirbelsäule entlang, sehr viel intensiver als am Abend zuvor. Ganz klar, der Grippevirus war weiter am Wirken, doch da war noch etwas. Je wacher ich wurde, desto schlimmer wurde der Schmerz. Weil ich nicht mehr einschlafen konnte und noch eine ganze Stunde hatte, bevor mein Arbeitstag begann, beschloss ich, erneut ein heißes Bad zu nehmen. Ich setzte mich im Bett auf, schwang die Füße auf den Boden und stand auf.

Augenblicklich nahm der Schmerz zu und erreichte eine neue Stufe – ein dumpfes, hartes Pochen, welches das untere Ende meiner Wirbelsäule durchdrang. Ich ließ Holley schlafen und tapste sachte den Gang hinunter zum Badezimmer im ersten Stock.

Ich drehte das Wasser auf und machte es mir in der Überzeugung, dass mir das warme Wasser sofort guttun würde, schon in der Badewanne bequem. Falsch. Spätestens als die Wanne halb voll war, wusste ich, dass ich einen Fehler gemacht hatte. Die Schmerzen wurden nicht nur schlimmer, sondern so intensiv, dass ich fürchtete, Holley rufen zu müssen, damit sie mir aus der Wanne half.

Während ich noch darüber nachdachte, wie lächerlich die Situation war, langte ich nach oben und bekam ein Handtuch zu fassen, das direkt über mir hing. Ich zog das Tuch an den Rand des Trockengestells, um zu verhindern, dass dieses aus der Wand gerissen wurde. Dann zog ich mich sachte hoch.

Ein weiterer Schmerzschub durchzuckte meinen Rücken so heftig, dass ich nach Luft schnappen musste. Das war definitiv *nicht* die Grippe. Doch was konnte es sonst sein? Nachdem ich mich aus der glitschigen Wanne und in meinen roten Frottee-Bademantel gekämpft hatte, ging ich langsam zu unserem Schlafzimmer zurück und ließ mich aufs Bett fallen. Mein Körper war nass von kaltem Schweiß.

Holley bewegte sich und drehte sich zu mir. »Was ist los? Wie spät ist es?«

»Ich weiß nicht«, sagte ich. »Mein Rücken. Ich habe furchtbare Schmerzen.«

Holley begann, meinen Rücken zu massieren. Zu meiner Überraschung bewirkte dies, dass ich mich ein wenig besser fühlte. Ärzte können in der Regel nicht besonders gut damit umgehen, selbst krank zu sein. Ich bin da keine Ausnahme. Einen Moment lang war ich fest davon überzeugt, dass der Schmerz – und was auch immer ihn verursacht hatte –

jetzt endlich verschwinden würde. Aber um 6.30 Uhr, als ich eigentlich das Haus verlassen und mich auf den Weg zur Arbeit machen wollte, litt ich immer noch Höllenqualen und war praktisch wie gelähmt.

Um 7.30 Uhr kam Bond in unser Schlafzimmer und wollte wissen, warum ich immer noch zu Hause war. »Was ist los?«

»Dein Vater fühlt sich nicht wohl, Süßer«, sagte Holley.

Ich lag auf dem Bett, den Kopf auf ein Kissen gelagert. Bond kam zu mir, streckte die Hand aus und fing an, sanft meine Schläfen zu massieren.

Seine Berührung schickte etwas durch meinen Kopf, das sich wie ein Blitzschlag anfühlte; der schlimmste Schmerz, den ich jemals empfunden hatte. Ich schrie laut auf. Von meiner Reaktion überrascht, sprang Bond einen Schritt zurück.

»Alles in Ordnung«, sagte Holley zu Bond, wobei sie ganz klar das Gegenteil dachte. »Das kommt nicht von dir. Papa hat ganz schlimme Kopfschmerzen.« Dann hörte ich sie mehr zu sich selbst als zu mir sagen: »Ich sollte wohl besser einen Krankenwagen rufen.«

Wenn es etwas gibt, was Ärzte noch mehr hassen, als krank zu sein, dann ist es das, als Patient in der Notaufnahme zu liegen. Ich stellte mir vor, wie sich das Haus mit Rettungssanitätern füllte, die Flut von Routinefragen, die Fahrt zum Krankenhaus, den Papierkram … Und irgendwann, dachte ich, würde ich mich besser fühlen und bereuen, überhaupt einen Krankenwagen gerufen zu haben.

»Nein, es ist okay«, sagte ich. »Im Moment fühlt es sich zwar schlimm an, aber es wird gleich besser werden. Du solltest vielleicht Bond helfen, damit er rechtzeitig zur Schule kommt.«

»Eben, ich glaube wirklich ...«

»Mir geht's gleich wieder gut«, unterbrach ich sie, das Gesicht noch immer im Kissen vergraben und wie gelähmt vor Schmerz. »Ich meine es ernst, ruf bitte *nicht* den Krankenwagen. So schlecht geht es mir nicht. Es sind nur Muskelkrämpfe in der Lendengegend und Kopfschmerzen.«

Widerstrebend nahm Holley Bond mit nach unten und machte ihm Frühstück, bevor sie ihn die Straße hinauf zum Haus eines Freundes schickte, von wo aus die beiden zur Schule gefahren wurden. Als Bond zur Haustür ging, kam mir der Gedanke, dass ich ihn am Nachmittag vielleicht gar nicht mehr sehen würde, falls dies etwas Ernstes sein und ich doch im Krankenhaus landen sollte. Ich nahm meine ganze Kraft zusammen und krächzte: »Viel Spaß in der Schule, Bond.«

Als Holley wieder nach oben kam, um nach mir zu sehen, wurde ich gerade ohnmächtig. Sie dachte, ich sei eingenickt. Da sie mich ein wenig ausruhen lassen wollte, ging sie gleich wieder nach unten, wo sie einige meiner Kollegen anrief, um ihre Meinung darüber zu hören, was hier möglicherweise vor sich ging.

Zwei Stunden später hatte sie das Gefühl, mich lange genug schlafen gelassen zu haben, und kam wieder, um nach mir zu sehen. Als sie die Tür zu unserem Schlafzimmer aufstieß, sah sie mich genauso im Bett liegen wie zuvor. Doch als sie näher hinschaute, bemerkte sie, dass mein Körper nicht mehr so entspannt war wie vorher, sondern steif wie ein Brett. Sie schaltete das Licht an und sah, dass ich heftig zuckte. Mein Unterkiefer stand unnatürlich weit nach vorn, und meine Augen rollten nach innen.

»Eben, sag etwas!«, schrie Holley. Als ich nicht antwortete, wählte sie neun-eins-eins. Die Rettungssanitäter waren in weniger als zehn Minuten da. Sie luden mich schnell in den Krankenwagen und fuhren mich in die Notaufnahme des Allgemeinen Krankenhauses von Lynchburg.

Wäre ich bei Bewusstsein gewesen, hätte ich Holley genau erklären können, was ich durchmachte, als ich in jenen schrecklichen Momenten, in denen sie auf den Krankenwagen wartete, auf dem Bett lag: einen ausgeprägten Grandmal-Anfall*, zweifellos hervorgerufen durch irgendeinen extrem schweren Schockzustand in meinem Gehirn. Aber natürlich war ich nicht in der Lage, irgendwelche Erklärungen abzugeben.

In den nächsten sieben Tagen war ich für Holley und den Rest meiner Familie nur noch als Körper präsent. Ich erinnere mich an nichts, was sich in jener Woche in dieser Welt abspielte. Daher mussten diese Teile der sich abspielenden Geschichte von anderen beigesteuert werden, denn ich war bewusstlos. Mein Verstand, mein Geist – wie immer Sie den wesentlichen, menschlichen Teil von mir auch nennen mögen – hatte sich verabschiedet.

---

* generalisierter epileptischer Krampfanfall, bei dem beide Gehirnhälften betroffen sind, Anm. d. Verlags

2

Das Krankenhaus

Die Notaufnahme des Allgemeinen Krankenhauses von Lynchburg ist die am zweitstärksten ausgelastete Anlaufstelle für Notfälle im Bundesstaat Virginia, und üblicherweise herrscht dort an einem Werktag um 9.30 Uhr Hochbetrieb. Dieser Montag bildete keine Ausnahme. Obwohl ich die meisten meiner Arbeitstage in Charlottesville verbrachte, hatte ich auch viele OP-Termine im Krankenhaus von Lynchburg und kannte so gut wie jeden dort.

Laura Potter, eine erfahrene Notfallärztin, mit der ich mittlerweile schon seit fast zwei Jahren zusammenarbeitete, bekam einen Anruf aus der Notrufzentrale, in dem ihr die Ankunft eines männlichen Patienten, vierundfünfzig Jahre alt, im *Status epilepticus* angekündigt wurde. Während sie sich auf den Weg zum Eingang der Notaufnahme machte, ging sie in Gedanken die Liste der möglichen Ursachen für den Zustand des eintreffenden Patienten durch. Es war dieselbe Liste, die mir an ihrer Stelle auch durch den Kopf gegangen wäre: Alkoholentzug, eine Überdosis Drogen, Hyponatriämie (abnormal niedriger Natriumspiegel im Blut), Schlaganfall, metastatischer oder primärer Gehirntumor, intraparenchymale Blutung (Blutung innerhalb des Hirngewebes), Gehirnabszess … und Meningitis.

Als mich die Sanitäter in die Notaufnahme rollten, zuckte ich immer noch heftig, unterbrochen von Phasen, in denen ich stöhnte und mit Armen und Beinen ruderte.

Aus der Art und Weise, wie ich tobte und mich krümmte, zog Dr. Potter den offensichtlichen Schluss, dass mein Gehirn schwer angegriffen war. Eine Krankenschwester brachte einen Medikamentenwagen, eine andere nahm mir Blut ab, und eine dritte ersetzte den ersten, mittlerweile leeren Infusionsbeutel, mit dem mich die Sanitäter noch bei uns zu Hause versorgt hatten, bevor sie mich in den Krankenwagen luden. Während alle an mir arbeiteten, krümmte ich mich wie ein 1,80 Meter langer Fisch, den man gerade aus dem Wasser gezogen hat. Ich gab einen Schwall wirrer, unsinniger Laute und animalischer Schreie von mir. Genauso beunruhigend wie meine Anfälle war für Laura, dass ich anscheinend eine Asymmetrie in der motorischen Kontrolle meines Körpers aufwies. Das konnte bedeuten, dass mein Gehirn nicht nur angegriffen war, sondern dass bereits eine ernste und möglicherweise irreversible Schädigung des Gehirns im Gang war.

Ein Patient in so einem Zustand bietet einen Anblick, an den man sich erst einmal gewöhnen muss. Aber Laura hatte in den vielen Jahren ihres Dienstes in der Notaufnahme all das schon gesehen. Allerdings hatte sie noch nie erlebt, dass einer ihrer Ärztekollegen in diesem Zustand in die Notaufnahme eingeliefert wurde, und als sie sich den verdrehten und schreienden Patienten auf der fahrbaren Krankentrage genauer anschaute, sagte sie leise vor sich hin: »Eben.« Dann machte sie die anderen anwesenden Ärzte und Schwestern auf mich aufmerksam, indem sie mit lauterer Stimme sagte: »Das ist Eben Alexander.«

Das umstehende Krankenhauspersonal, das sie gehört hatte, versammelte sich um meine Trage. Holley, die hinter dem Krankenwagen hergefahren war, kam hinzu, und Laura spulte die obligatorischen Fragen nach den naheliegendsten möglichen Ursachen meines Zustands ab. War ich auf Alkoholentzug? Hatte ich in letzter Zeit irgendwelche harten halluzinogenen Straßendrogen zu mir genommen? Dann wandte sie sich mir zu und versuchte, meine Krampfanfälle zu beenden.

In den vergangenen Monaten hatte ich mich auf Empfehlung von Eben IV. einem intensiven Konditionstraining unterzogen, denn wir planten eine Vater-Sohn-Besteigung des 5897 Meter hohen Cotopaxi in Ecuador, den er im vergangenen Februar allein bestiegen hatte. Das Training hatte meine körperliche Kraft beträchtlich gesteigert, was die Arbeit der Krankenträger, die mich unten zu halten versuchten, deutlich erschwerte. Fünf Minuten und 15 Milligramm intravenös verabreichtes Diazepam später war ich immer noch im Delirium und versuchte immer noch jeden abzuwehren, aber zu Dr. Potters Erleichterung kämpfte ich nun wenigstens mit beiden Seiten meines Körpers. Holley erzählte Laura von den heftigen Kopfschmerzen, die ich gehabt hatte, bevor die Anfälle einsetzten, was Dr. Potter dazu veranlasste, eine Lumbalpunktion durchzuführen – einen Eingriff, bei dem eine kleine Menge zerebrospinaler Flüssigkeit, auch Liquor oder Nervenwasser genannt, aus dem unteren Teil der Wirbelsäule im Bereich der Lendenwirbel entnommen wird.

Die zerebrospinale Flüssigkeit ist eine klare, wässrige Substanz, welche die Oberfläche des Rückenmarks umfließt und das Gehirn ummantelt, um Stöße abzufedern. Ein normaler, gesunder menschlicher Körper produziert etwa einen halben Liter zerebrospinale Flüssigkeit pro Tag, und jede Trübung ist ein Indiz dafür, dass eine Infektion oder Blutung stattgefunden hat.

Eine solche Infektion wird als Meningitis oder Hirnhautentzündung bezeichnet. Dabei schwellen die Hirnhäute an, die Membranen, die das Innere der Wirbelsäule und des Schädels auskleiden und in direktem Kontakt mit der zerebrospinalen Flüssigkeit stehen. In vier von fünf Fällen wird diese Erkrankung durch ein Virus verursacht. Eine virale Meningitis kann einen Patienten sehr krank machen, aber sie verläuft nur in etwa einem Prozent der Fälle tödlich. In einem von fünf Fällen jedoch wird die Meningitis durch Bakterien verursacht. Bakterien können sehr viel gefährlichere Gegner sein als die primitiven Viren. Fälle von bakterieller Meningitis verlaufen durchweg tödlich, wenn sie nicht entsprechend behandelt werden. Und selbst wenn sie möglichst schnell mit den geeigneten Antibiotika behandelt werden, liegt die Mortalitätsrate zwischen 15 und 40 Prozent.

Einer der unwahrscheinlichsten Verursacher von bakterieller Meningitis bei Erwachsenen ist ein sehr altes und sehr widerstandsfähiges Bakterium namens *Escherichia coli* oder einfach *E. coli*. Niemand weiß ganz genau, wie alt *E. coli* ist; die Schätzungen schwanken zwischen drei und vier Milliarden Jahren. Dieser Organismus hat keinen Zellkern und vermehrt sich durch einen primitiven, aber extrem effizienten

Prozess, der als asexuelle binäre Spaltung bekannt ist (mit anderen Worten: er teilt sich in zwei). Stellen Sie sich eine Zelle vor, die hauptsächlich aus DNA besteht und Nährstoffe (normalerweise aus anderen Zellen, die sie angreift und absorbiert) direkt durch ihre Zellwand aufnehmen kann. Und stellen Sie sich weiterhin vor, dass diese Zelle gleichzeitig mehrere Stränge DNA kopieren und sich ungefähr alle zwanzig Minuten in zwei Tochterzellen aufspalten kann. In einer Stunde haben Sie acht solche Zellen, in zwölf Stunden 69 Milliarden. In der fünfzehnten Stunde sind es 35 Billionen. Dieses explosive Wachstum verlangsamt sich nur, wenn das Bakterium keine Nahrung mehr bekommt.

E.-coli-Bakterien sind auch hochgradig promisk. Sie können in einem Prozess namens Bakterienkonjugation Gene mit anderen Bakterienarten austauschen. Das macht es einer *E.-coli*-Zelle möglich, bei Bedarf ganz schnell neue Eigenschaften anzunehmen (etwa eine Resistenz gegen ein neues Antibiotikum). Mit diesem einfachen Erfolgsrezept hat sich *E. coli* seit den frühesten Tagen des einzelligen Lebens auf diesem Planeten gehalten. Wir alle beherbergen *E.-coli*-Bakterien in unserem Körper, vor allem im Magen-Darm-Trakt. Unter normalen Bedingungen stellt dies keine Gefahr für uns dar. Aber wenn *E.-coli*-Varietäten, die durch die Aufnahme von DNA-Strängen besonders aggressiv geworden sind, in den Liquor um Rückenmark und Gehirn eindringen, fangen diese primitiven Zellen augenblicklich an, die Glukose in der Flüssigkeit aufzufressen und auch alles andere, was sie verzehren können, einschließlich des Gehirns selbst.

Nicht einer in der Notaufnahme vermutete zu diesem Zeitpunkt, dass ich eine *E.-coli*-Meningitis hatte. Sie hatten keinen Grund, dies anzunehmen. Diese Krankheit kommt bei Erwachsenen unendlich selten vor. Neugeborene fallen ihr am häufigsten zum Opfer. Es ist jedoch ausgesprochen ungewöhnlich, dass Babys, die älter als drei Monate sind, daran erkranken. Weniger als einer von zehn Millionen Erwachsenen pro Jahr erkrankt spontan daran.

In Fällen einer bakteriellen Meningitis greifen die Bakterien zuerst die äußere Gehirnschicht an, den Kortex. Das Wort *Kortex* kommt aus dem Lateinischen und bedeutet »Rinde« oder »Schale«. Wenn Sie sich eine Orange vorstellen, dann ist ihre Schale ein ziemlich gutes Modell für die Art und Weise, wie der Kortex die ursprünglicheren Bereiche des Gehirns umgibt. Der Kortex ist zuständig für Gedächtnis, Sprache, Emotionen, visuelle und auditive Wahrnehmung sowie Logik. Wenn also ein Organismus wie *E. coli* das Gehirn angreift, nehmen zunächst diejenigen Bereiche Schaden, die Funktionen erfüllen, welche für die Aufrechterhaltung unserer menschlichen Eigenschaften entscheidend sind. Viele an bakterieller Meningitis Erkrankte sterben in den ersten paar Tagen der Infektion. Von denen, die mit einer rasanten Abwärtsspirale ihrer neurologischen Funktionen in einer Notaufnahme ankommen, wie es bei mir der Fall war, haben nur zehn Prozent das Glück zu überleben. Ihr Glück ist jedoch begrenzt, denn viele von ihnen werden den Rest ihres Lebens im Wachkoma verbringen.

Obwohl sie keine *E.-coli*-Meningitis bei mir vermutete, dachte Dr. Potter, dass ich *irgendeine* Art von Infektion des Gehirns haben könnte. Deswegen entschied sie sich für die Durchführung einer Lumbalpunktion. In dem Moment, in dem sie eine der Krankenschwestern bat, ihr die Gerätschaften für die Lumbalpunktion zu bringen und mich für den Eingriff vorzubereiten, bäumte sich mein Körper auf, als wäre meine Bahre unter Strom gesetzt worden. Mit einem frischen Energieschub gab ich einen langen, gequälten Seufzer von mir, bog meinen ganzen Rücken durch und warf meine Arme in die Luft. Mein Gesicht war rot, und meine Adern am Hals quollen extrem hervor. Laura rief weitere Leute zur Hilfe, und bald darauf hatten erst zwei, dann vier und schließlich sechs Pfleger alle Hände voll zu tun, um mich für den Eingriff in Position zu bringen. Sie zwangen meinen Körper in eine Embryonalhaltung, während mir Laura eine weitere Dosis eines Beruhigungsmittels verabreichte. Schließlich hatten sie mich so weit ruhiggestellt, dass sie die Nadel am unteren Ende meiner Wirbelsäule setzen konnten.

Wenn ein Körper von Bakterien angegriffen wird, geht er sofort in den Verteidigungsmodus über und schickt Stoßtrupps weißer Blutkörperchen aus ihren Kasernen in der Milz und im Knochenmark, um die Eindringlinge abzuwehren. Sie sind die ersten Opfer, die in dem massiven Zellkrieg gebracht werden, der immer dann stattfindet, wenn ein fremder biologischer Akteur in den Körper eindringt. Und Dr. Potter wusste, dass jede Trübung meiner zerebrospinalen Flüssigkeit von meinen weißen Blutkörperchen stammen würde.

Dr. Potter beugte sich nach vorn und konzentrierte sich ganz auf das Manometer, die durchsichtige, senkrecht stehende Röhre, in der die zerebrospinale Flüssigkeit gleich auftauchen würde. Die erste Überraschung für Laura war, dass der Liquor nicht aus mir heraustropfte, sondern hervorströmte, weil er unter einem gefährlich hohen Druck stand.

Die zweite Überraschung war das Aussehen der Flüssigkeit. Die geringste Trübung würde ihr sagen, dass ich in großen Schwierigkeiten steckte. Was in das Manometer schoss, war dickflüssig und weiß mit einer leichten Grünfärbung.

Meine zerebrospinale Flüssigkeit war voller Eiter.

3

Aus dem Nichts

Dr. Potter piepste Dr. Robert Brennan an, einen ihrer Kollegen am Lynchburg General Hospital, der auf Infektionskrankheiten spezialisiert ist. Während sie auf weitere Testergebnisse aus den benachbarten Laboren warteten, erwogen sie all ihre Diagnosemöglichkeiten und therapeutischen Optionen.

Minute um Minute, während die Testergebnisse kamen, stöhnte ich weiter und krümmte mich unter den Riemen, die mich auf meiner Bahre hielten. Ein immer rätselhafteres Bild zeichnete sich ab. Die Gram-Färbung (ein chemischer Test, benannt nach einem dänischen Arzt, der diese Methode erfunden hat, die es Ärzten erlaubt, eingedrungene Bakterien entweder als gramnegativ oder grampositiv zu klassifizieren) kam zurück und wies auf gramnegative Stäbchen hin, was höchst ungewöhnlich ist.

Mittlerweile war auf einem Computertomografie-Scan meines Kopfes zu sehen, dass die meningeale Auskleidung meines Gehirns – meine Hirnhaut – gefährlich geschwollen und entzündet war. Ein Atemschlauch wurde in meine Luftröhre eingesetzt, was es einem Beatmungsgerät ermöglichte, das Atmen für mich zu übernehmen (genau zwölf Atemzüge pro Minute), und eine ganze Batterie von Monitoren wurde rund um mein Bett aufgestellt, um jede Bewegung im Innern meines Körpers und meines nun weitgehend zerstörten Gehirns aufzuzeichnen.

Bei den wenigen Erwachsenen, die jährlich spontan (also nicht nach einer Gehirnoperation oder einem offenen Schädelhirntrauma) an einer *E.-coli*-Meningitis erkranken, ist meist irgendein handfester Grund dafür auszumachen, zum Beispiel eine Immunschwäche (oft hervorgerufen durch eine HIV-Infektion beziehungsweise durch AIDS). Aber bei mir gab es nichts, was mich für diese Erkrankung anfällig gemacht hätte. Andere Bakterien könnten Meningitis verursachen, indem sie aus den angrenzenden Nasennebenhöhlen oder dem Mittelohr eindringen, nicht aber *E. coli*. Der zerebrospinale Raum ist viel zu gut vom Rest des Körpers abgeschottet, als dass so etwas passieren könnte. Außer wenn die Wirbelsäule oder der Schädel punktiert werden (zum Beispiel mit einem kontaminierten Tiefenhirnstimulator oder einem Shunt durch einen Neurochirurgen), haben Bakterien wie *E. coli,* die normalerweise im Darm sitzen, einfach keinen Zugang zu diesem Bereich. Ich hatte schon Hunderte von Shunts und Stimulatoren in die Gehirne von Patienten eingesetzt, und wäre ich in der Lage gewesen, etwas zu dieser Angelegenheit zu sagen, wäre ich einer Meinung mit meinen verblüfften Ärzten gewesen: Ich hatte, um es einfach auszudrücken, eine Krankheit, die ich eigentlich unmöglich haben konnte.

Weil sie die eindeutigen Beweise, die sich aus den Testergebnissen ergaben, immer noch nicht ganz akzeptieren mochten, telefonierten die beiden Ärzte mit Experten für Infektionskrankheiten an den großen Universitätskliniken.

Alle waren sich darüber einig, dass die Ergebnisse nur diese eine mögliche Diagnose zuließen.

Aber mir aus dem Nichts eine schwere *E.-coli*-Meningitis zuzuziehen war nicht die einzige merkwürdige medizinische Meisterleistung, die ich an diesem ersten Tag im Krankenhaus vollbrachte. In den letzten Momenten, bevor ich die Notaufnahme verließ, und nach zwei geschlagenen Stunden, in denen ich nur ein gutturales Tiergeheul und ein Stöhnen von mir gegeben hatte, wurde ich still. Dann, wieder aus dem Nichts, schrie ich drei Worte. Sie waren kristallklar, und alle anwesenden Ärzte und Schwestern hörten sie – auch Holley, die ein paar Schritte weiter weg stand, gleich hinter dem Vorhang.

»Gott, hilf mir!«

Alle eilten zu meiner Bahre. Aber als sie dort ankamen, war ich schon wieder vollkommen teilnahmslos.

Ich habe keine Erinnerung an meine Zeit in der Notaufnahme, auch nicht an die drei Worte, die ich geschrien habe. Aber es waren die letzten Worte, die ich in den nächsten sieben Tagen sagen würde.

4

Eben IV.

Ich baute immer mehr ab. Die zerebrospinale Flüssigkeit eines gesunden Menschen hat einen Glukosegehalt von etwa 80 Milligramm pro Deziliter. Bei einem Schwerkranken, der in unmittelbarer Gefahr schwebt, an bakterieller Meningitis zu sterben, kann er bei nur 20 Milligramm pro Deziliter liegen. Der Glukosegehalt meines Liquors betrug 1 Milligramm pro Deziliter. Meine Glasgow-Koma-Skala zeigte acht von fünfzehn Punkten, was auf eine schwere Gehirnerkrankung schließen ließ, und der Wert sank im Laufe der nächsten paar Tage noch weiter. Mein in der Notaufnahme erhobener APACHE-II-Score (APACHE = Acute Physiology and Chronic Health Evaluation) ergab 18 von 71 möglichen Punkten, was darauf hinwies, dass die Chancen meines Ablebens während jenes Krankenhausaufenthaltes bei etwa 30 Prozent lagen. Und um ganz genau zu sein: Angesichts der Tatsache, dass bei mir eine akute gramnegative bakterielle Meningitis diagnostiziert worden war, sowie angesichts der rasanten neurologischen Verschlechterung bei ihrem Ausbruch lag meine Überlebenschance bei Einlieferung in die Notaufnahme bestenfalls bei etwa 10 Prozent. Wenn die Antibiotika nicht anschlugen, würde das letale Risiko in den nächsten Tagen stetig ansteigen – bis es die unumkehrbare 100-Prozent-Marke erreicht hatte.

Die Ärzte pumpten meinen Körper mit drei kräftigen, intravenös verabreichten Ladungen Antibiotika voll, bevor ich in mein neues Zuhause geschoben wurde: ein großes Einzelzimmer, Nummer 10, auf der Intensivstation, eine Etage über der Notaufnahme.

Als Chirurg war ich oft auf solchen Intensivstationen gewesen. Dorthin werden die kränksten Patienten verlegt, Menschen, die nur zentimeterweit vom Tod entfernt sind. Dort können dann mehrere Ärzte und medizinische Helfer gleichzeitig an ihnen arbeiten. Ein solches Team, das in absolut perfekter Koordination dafür kämpft, einen Patienten trotz aller Widrigkeiten am Leben zu halten, ist ein ehrfurchtgebietender Anblick. Ich hatte in Räumen wie diesen sowohl enormen Stolz als auch brutale Enttäuschung empfunden, je nachdem, ob es uns gelang, den Patienten, um dessen Leben wir kämpften, zu retten, oder ob er uns unter den Fingern wegstarb.

Dr. Brennan und die anderen Ärzte blieben Holley gegenüber so optimistisch, wie es ihnen unter diesen Umständen möglich war. Doch die Umstände ließen eigentlich überhaupt keinen Optimismus zu. In Wahrheit bestand die ausgeprägte Gefahr, dass ich sehr bald sterben würde. Und selbst wenn ich nicht starb, hatten die Bakterien, die mein Gehirn angriffen, vermutlich schon jetzt genug von meinem Kortex verzehrt, sodass jede anspruchsvollere Gehirnaktivität beeinträchtigt war. Je länger ich im Koma läge, desto wahrscheinlicher war es, dass ich den Rest meines Lebens in einem chronisch vegetativen Zustand, also im Wachkoma verbringen würde.

Glücklicherweise kam nicht nur die ganze Belegschaft

des Lynchburg-Krankenhauses zusammen, um mir zu helfen, sondern auch noch andere Leute wurden aktiv. Michael Sullivan, unser Nachbar und Pfarrer in unserer Kirche, kam etwa eine Stunde nach Holley in der Notaufnahme an. In dem Moment, als Holley aus dem Haus gestürzt war, um dem Krankenwagen zu folgen, hatte ihr Handy geklingelt. Es war ihre alte Freundin Sylvia White. Sylvia hatte die unheimliche Angewohnheit, immer genau dann ihre helfende Hand anzubieten, wenn wichtige Dinge passierten. Holley war überzeugt, dass sie übernatürliche Fähigkeiten besaß. (Ich hatte mich für die sicherere und vernünftigere Erklärung entschieden, dass sie einfach sehr gut im Raten war.) Holley informierte Sylvia kurz darüber, was passiert war, und beide telefonierten mit meinen nächsten Verwandten: mit Betsy, meiner jüngeren Schwester, die ganz in der Nähe wohnte, mit meiner in Boston wohnenden Schwester Phyllis, mit achtundvierzig die Jüngste von uns, und mit Jean, der Ältesten.

An jenem Montagmorgen war Jean gerade auf der Fahrt von ihrem Zuhause in Delaware nach Virginia. Zufällig war sie auf dem Weg zu unserer Mutter, die in Winston-Salem lebte und der sie bei irgendetwas helfen wollte. Jeans Handy klingelte. Es war ihr Mann, David.

»Bist du schon hinter Richmond?«, fragte er.

»Nein«, sagte Jean. »Ich bin ein wenig nördlich davon, auf der I-95.«

»Fahr ab auf die Route 60 West und dann auf die Route 24 runter nach Lynchburg. Holley hat gerade angerufen. Eben ist dort im Krankenhaus in der Notaufnahme. Er hatte heute Morgen einen Anfall und ist nicht mehr ansprechbar.«

»Oh, mein Gott! Wissen sie warum?«

»Sie sind sich nicht sicher, aber es könnte Meningitis sein.«

Jean erwischte die Abfahrt gerade noch rechtzeitig und fuhr durch tief hängende Wolken auf der gewundenen, zweispurigen Asphaltpiste 60 West in Richtung Route 24 und Lynchburg.

Es war Phyllis, die um 15.00 Uhr an jenem ersten Nachmittag dieses Notfalls Eben IV. in seinem Apartment bei der University of Delaware anrief. Eben war draußen auf seiner Veranda und machte irgendeine naturwissenschaftliche Hausarbeit (mein Vater war bereits Neurochirurg gewesen, und auch Eben interessierte sich nun für diesen Beruf), als sein Telefon klingelte. Phyllis gab ihm einen kurzen Überblick über die Situation und sagte, er solle sich keine Sorgen machen – die Ärzte hätten alles unter Kontrolle.

»Haben sie eine Vorstellung, was es sein könnte?«, fragte Eben.

»Nun, sie haben etwas von gramnegativen Bakterien und Meningitis gesagt.«

»Ich habe in den nächsten paar Tagen zwei Prüfungen, ich werde also noch kurz meine Lehrer informieren«, erwiderte Eben.

Später erzählte er mir, dass er zunächst gezögert habe, ob er glauben solle, dass ich wirklich in so großer Gefahr schwebte, wie Phyllis angedeutet hatte, weil sie und Holley »alles immer unverhältnismäßig aufbauschen«. Außerdem war ich noch nie krank gewesen. Aber als Michael Sullivan ihn eine Stunde später anrief, wurde ihm klar, dass er sich auf den Weg machen musste, und zwar *sofort*.

Als Eben Richtung Virginia fuhr, setzte ein eisiger Platzregen ein. Phyllis hatte Boston um sechs Uhr verlassen, und als Eben die I-495-Brücke über den Potomac nach Virginia passierte, flog sie durch die darüber hängenden Wolken. Sie landete in Richmond, mietete sich ein Auto und begab sich ihrerseits auf die Route 60.

Als er nur noch ein paar Kilometer von Lynchburg entfernt war, telefonierte Eben mit Holley.

»Wie geht es Bond?«, fragte er.

»Er schläft«, sagte Holley.

»Dann fahre ich direkt ins Krankenhaus«, meinte Eben.

»Willst du nicht erst mal nach Hause kommen?«

»Nein. Ich will Papa sehen.«

Eben fuhr um 23.15 Uhr in die Auffahrt zur Notaufnahme. Der Fußweg zum Krankenhaus begann zu vereisen. Als Eben in das helle Licht des Empfangsbereiches trat, sah er nur die Nachtschwester, die dort Dienst tat. Sie führte ihn an mein Bett auf der Intensivstation.

Zu dieser Zeit waren alle, die vorher da gewesen waren, wieder nach Hause gegangen. Das Einzige, was man in dem großen, gedämpft beleuchteten Raum hörte, war das leise Piepsen und Zischen der Maschinen, die meinen Körper in Gang hielten.

Eben erstarrte auf der Türschwelle, als er mich sah. In seinen zwanzig Lebensjahren hatte er mich nie mit mehr als einer Erkältung erlebt. Nun sah er trotz der Maschinen, die sich alle Mühe gaben, es anders aussehen zu lassen, etwas, wovon er wusste, dass es im Wesentlichen eine Leiche war. Mein physischer Körper lag zwar vor ihm, aber der Vater, den er gekannt hatte, war nicht mehr da.

Oder besser gesagt: Er war anderswo.

5

In der Unterwelt

Es herrschte Dunkelheit, aber eine sichtbare Dunkelheit – als sei ich in Schlamm getaucht, aber dennoch in der Lage hindurchzuschauen. Oder vielleicht ist der Vergleich mit schmutziger Götterspeise treffender. Transparent, aber in einer trüben, verschwommenen, klaustrophobischen und erstickenden Weise.

Bewusstsein, aber ein Bewusstsein ohne Erinnerung oder Identität – wie ein Traum, in dem man zwar weiß, was um einen herum vor sich geht, aber in dem man keine rechte Vorstellung davon hat, wer oder was *man selbst* ist.

Auch ein Geräusch: ein tiefes, rhythmisches Pochen, fern und doch stark, sodass jeder Schlag durch und durch geht. Wie ein Herzschlag? Ein bisschen, aber dunkler, mechanischer – wie der Klang von Metall auf Metall, als hämmere ein gigantischer, unterirdischer Schmied irgendwo in der Ferne auf seinem Amboss herum – so fest, dass der Schlag durch die Erde vibriert oder durch den Schlamm oder was immer das ist, was dich umgibt.

Ich hatte keinen Körper – jedenfalls keinen, den ich wahrgenommen hätte. Ich war einfach ... da, an diesem Ort der pulsierenden, hämmernden Dunkelheit. Ich hätte diesen Zustand vielleicht »uranfänglich« genannt. Doch zu der Zeit, in der ich mich darin befand, stand mir dieses

Wort nicht zur Verfügung. Ja, ich hatte überhaupt keine Worte mehr. Die Worte, die hier stehen, kamen viel später, nämlich als ich, wieder zurück in der Welt, aufschrieb, woran ich mich vage erinnern konnte. Sprache, Gefühle, Logik – alles war weg, als sei ich in einen Zustand des Seins zurückgekehrt, wie er ganz zu Beginn des Lebens bestanden hatte, vielleicht schon in der Entstehungszeit jener primitiven Bakterien, die ohne mein Wissen die Macht über mein Gehirn ergriffen und es lahmgelegt hatten.

Wie lange habe ich mich in dieser Welt aufgehalten? Ich habe keine Ahnung. Wenn man an einen Ort geht, an dem es kein Zeitgefühl gibt, wie wir es in der gewöhnlichen Welt haben, ist es beinahe unmöglich, exakt zu beschreiben, wie sich das anfühlt. Als es passierte, als ich dort war, fühlte ich mich (was immer »ich« war), als sei ich schon immer dort gewesen und als würde ich immer dort sein.

Und es kümmerte mich auch nicht, jedenfalls zunächst nicht. Warum sollte es auch, wo dieser Seinszustand doch der einzige war, den ich jemals gekannt hatte? Weil ich keine Erinnerung an irgendetwas Besseres hatte, störte ich mich auch nicht besonders daran, wo ich war. Ich erinnere mich zwar, erwogen zu haben, dass ich vielleicht überleben würde oder auch nicht, aber meine diesbezügliche Indifferenz gab mir nur ein umso stärkeres Gefühl der Unverwundbarkeit. Ich hatte keine Ahnung von den Regeln, die in der Welt galten, in der ich mich befand, aber ich hatte es auch nicht eilig, sie zu lernen. Warum sollte ich mir darüber Gedanken machen?

Ich kann nicht sagen, wann genau es passiert ist, aber an einem bestimmten Punkt nahm ich einige Objekte um mich herum wahr. Sie waren ein wenig wie Wurzeln und ein wenig wie Blutgefäße in einem gewaltigen, schlammigen Mutterleib. Sie strahlten ein dunkles, schmutziges Rot aus und reichten von einem Ort ganz weit oben bis zu einem anderen Ort ebenso weit unten. Im Nachhinein betrachtet fühlte ich mich wie ein Maulwurf oder Regenwurm, der tief in der Erde vergraben ist, aber dennoch irgendwie in der Lage ist, das wirre Muster des Wurzelwerks wahrzunehmen, das ihn umgibt. Deswegen habe ich diesen Ort, als ich später daran zurückdachte, als Reich der Regenwurmperspektive bezeichnet.

Lange Zeit vermutete ich, es habe sich dabei um eine Art Erinnerung an das gehandelt, was mein Gehirn in der Phase empfand, in der die Bakterien es zu überrennen begannen. Aber je länger ich über diese Erklärung nachdachte (und das war wieder viel, viel später), desto weniger überzeugend erschien sie mir. Denn so schwer es auch sein mag, sich das vorzustellen, wenn man nicht selbst an diesem Ort war: Mein Bewusstsein war keineswegs getrübt oder verzerrt, als ich dort war. Es war nur … eingeschränkt. Ich war kein Mensch, während ich an diesem Ort war. Ich war noch nicht einmal ein Tier. Ich war etwas, das sich vor und unterhalb von all dem befand. Ich war einfach nur ein einsamer Bewusstseinspunkt in einem zeitlosen rot-braunen Meer.

Je länger ich jedoch an diesem Ort verweilte, desto weniger wohl fühlte ich mich dort. Zunächst war ich so tief darin eingetaucht, dass es keinen Unterschied mehr gab zwischen »mir« und dem halb gruseligen, halb vertrauten Element, das mich umgab. Aber allmählich machte dieses

Gefühl der tiefen, zeit- und grenzenlosen Versenkung etwas anderem Platz: dem Gefühl, dass ich keineswegs ein Teil dieser unterirdischen Welt war, sondern vielmehr darin gefangen.

Groteske Tiergesichter kamen blubbernd aus dem Schlamm hervor, stöhnten oder krächzten und verschwanden wieder. Ab und zu hörte ich ein dumpfes Brüllen. Manchmal wandelte sich das Brüllen in einen gedämpften, rhythmischen Singsang, der sowohl erschreckend als auch auf eigenartige Weise vertraut war – als hätte ich all diese Laute irgendwann gekannt und selbst von mir gegeben.

Weil ich keine Erinnerung an eine frühere Existenz hatte, erstreckte sich meine Zeit in diesem Reich bis in weite, weite Fernen. Monate? Jahre? Eine Ewigkeit? Wie auch immer die Antwort lauten mochte, ich kam irgendwann an einen Punkt, wo das unheimliche, gruselige Gefühl die Oberhand über das heimelige, vertraute Gefühl bekam. Je mehr ich mich wie ein *Ich* zu fühlen begann – wie etwas, das von dem Kalten und Nassen und Dunklen um mich herum getrennt war –, desto hässlicher und bedrohlicher wurden die Gesichter, die aus jener Dunkelheit hervorblubberten. Das rhythmische Hämmern in der Ferne spitzte sich zu und wurde gleichzeitig intensiver. Es war der Arbeitstakt für eine Armee von koboldartigen Untertagearbeitern, die irgendeine nie endende, brutal monotone Aufgabe erfüllten. Die Bewegung um mich herum war nun weniger sichtbar und dafür spürbarer, als drängten sich tückische, wurmartige Kreaturen vorbei, die gelegentlich mit ihrer glatten oder stacheligen Haut an mir entlangstreiften.

Dann nahm ich einen Geruch wahr: ein bisschen wie Kot, ein bisschen wie Blut, ein bisschen wie Erbrochenes. Mit anderen Worten: ein *biologischer* Geruch, doch es roch nach biologischem Tod, nicht nach biologischem Leben. Während meine Wahrnehmung schärfer und immer schärfer wurde, wuchs meine Panik. Wer immer oder was immer ich war, ich gehörte nicht hierher. Ich musste hier raus.

Doch wohin?

Noch während ich diese Frage stellte, tauchte etwas Neues über mir aus der Dunkelheit auf – etwas, das nicht kalt oder tot oder dunkel war, sondern das genaue Gegenteil von all dem. Auch wenn ich es für den Rest meines Lebens versuchen würde, wäre ich nie in der Lage, dem Wesen gerecht zu werden, das nun auf mich zukam, oder auch nur annähernd fähig zu beschreiben, wie schön es war.

Aber ich werde es versuchen.

6

Ein Anker im Leben

Phyllis fuhr knapp zwei Stunden später als Eben IV., also um etwa 1.00 Uhr morgens, auf den Parkplatz des Krankenhauses. Als sie mein Zimmer auf der Intensivstation betrat, fand sie Eben IV. neben meinem Bett sitzend vor. Er hielt eines von den Krankenhauskissen umklammert, um sich wach zu halten.

»Mama ist zu Hause bei Bond«, sagte Eben in einem Ton, der klang, als sei er gleichzeitig müde, angespannt und glücklich, sie zu sehen.

Phyllis forderte Eben auf, er solle nach Hause gehen, denn wenn er die ganze Nacht aufbliebe, nachdem er von Delaware bis hierher gefahren sei, wäre er morgen niemandem mehr von Nutzen, auch seinem Vater nicht. Sie rief Holley und Jean bei uns zu Hause an und sagte ihnen, Eben IV. würde bald heimfahren, aber sie würde die Nacht in meinem Zimmer verbringen.

»Fahr nach Hause zu deiner Mutter und deiner Tante und deinem Bruder«, sagte sie zu Eben IV., nachdem sie aufgelegt hatte. »Sie brauchen dich. Dein Vater und ich sind hier, wenn du morgen wiederkommst.«

Eben IV. warf einen Blick auf meinen Körper, auf den durchsichtigen Atemschlauch aus Plastik, der durch mein rechtes Nasenloch bis in die Luftröhre reichte; auf meine

dünnen, aufgesprungenen Lippen; auf meine geschlosse-
nen Augen und die nachgebenden Gesichtsmuskeln.

Phyllis las seine Gedanken.

»Fahr nach Hause, Eben. Versuch, dir keine Sorgen zu
machen. Dein Vater ist immer noch bei uns. Und ich lasse
ihn nicht gehen.«

Sie trat an mein Bett, nahm meine Hand und fing an,
sie zu massieren. Mit nur den Maschinen und der Nachtschwester, die jede Stunde hereinkam, um meine Werte zu
überprüfen, als Gesellschaft, saß Phyllis nun für den Rest
der Nacht da und hielt meine Hand. Dadurch sorgte sie für
das Fortbestehen einer Verbindung, von der sie ganz genau wusste, dass sie entscheidend war, wenn ich dies über-
stehen sollte.

Es ist ein Klischee, dass die Familie für Menschen im
Süden der USA eine ganz besondere Bedeutung hat. Aber
wie an vielen Klischees ist auch an diesem etwas Wahres. Als
ich 1988 nach Harvard kam, war eines der ersten Dinge,
die mir an den Nordstaatlern auffielen, dass sie sich etwas
zurückhaltender bezüglich einer Tatsache äußerten, die
viele im Süden für selbstverständlich halten: dass die Familie bestimmt, wer man ist.

Mein ganzes Leben lang war meine Beziehung zu meiner Familie – zu meinen Eltern und Schwestern und später
zu Holley, Eben IV. und Bond – eine wichtige Quelle der
Kraft und der Stabilität, und das hat sich in den letzten Jahren sogar noch verstärkt. An meine Familie wandte ich
mich, wenn ich bedingungslose Unterstützung brauchte in
einer Welt, in der es – im Norden wie im Süden – nur allzu
oft daran mangelt.

Gelegentlich ging ich mit Holley und den Kindern in die Kirche. Aber Tatsache ist, dass ich jahrelang nicht viel mehr als ein gelegentlicher Besucher war, der die Kirche nur zu Weihnachten und Ostern betrat. Ich ermunterte unsere Jungs, ihr Nachtgebet zu sprechen, aber ich war nicht gerade der spirituelle Lehrer in unserem Haus. Ich hatte immer meine Zweifel daran, ob das alles *wirklich* sein konnte. Auch wenn ich von meiner Erziehung her gern an Gott, den Himmel und ein Leben nach dem Tode glauben wollte, so war die Existenz dieser Dinge durch meine Jahrzehnte in der rein rationalen Welt der wissenschaftlichen Neurochirurgie zutiefst infrage gestellt worden. Die moderne Neurowissenschaft gestattet keinen Zweifel daran, dass das Gehirn das Bewusstsein hervorbringt – den Verstand, die Seele, den Geist oder wie immer Sie diesen unsichtbaren, immateriellen Teil von uns nennen wollen, der uns wirklich zu dem macht, was wir sind –, und ich war fest davon überzeugt, dass diese Lehrmeinung stimmte.

Wie die meisten im Gesundheitswesen Tätigen, die unmittelbar mit sterbenden Patienten und ihren Familien zu tun haben, hatte auch ich im Laufe der Jahre von einigen kaum erklärlichen Ereignissen gehört – und sie sogar mit eigenen Augen gesehen. Ich legte diese Vorkommnisse unter »unbekannt« ab, kümmerte mich nicht weiter darum und sagte mir, dass es bestimmt die eine oder andere vernünftige Erklärung dafür gab.

Nicht dass ich etwas gegen den Glauben an das Übernatürliche gehabt hätte. Als Arzt, der Tag für Tag unaussprechliches physisches und emotionales Leid zu sehen bekam, war das Letzte, was ich wollte, jemandem den Trost und die

Hoffnung zu nehmen, die der Glaube verschafft. Ja, ich hätte gern selbst etwas davon genossen.

Doch je älter ich wurde, desto weniger wahrscheinlich schien dies. Wie das Meer, das den Strand permanent auswäscht, hatte mein wissenschaftliches Weltbild im Laufe der Zeit langsam, aber sicher meine Fähigkeit untergraben, an etwas Größeres zu glauben. Das beständige Bombardement an wissenschaftlichen Beweisen erweckte zunehmend den Eindruck, dass unsere Bedeutung im Universum gegen Null ging. Glaube wäre schön gewesen. Aber die Wissenschaft beschäftigt sich nicht mit dem, was schön wäre. Sie beschäftigt sich mit dem, was *ist*.

Ich bin jemand, der kinetisch, also durch eigenes Tun, lernt. Wenn ich etwas nicht selbst spüren oder anfassen kann, fällt es mir schwer, ein wirkliches Interesse dafür aufzubringen. Dieser Wunsch, etwas, das ich zu verstehen versuchte, zu greifen und zu berühren, sowie Sehnsucht, wie mein Vater zu sein, brachten mich zur Neurochirurgie. So abstrakt und mysteriös das menschliche Gehirn auch ist, es ist zugleich unglaublich konkret. Als Medizinstudent an der Duke University habe ich es genossen, in ein Mikroskop zu schauen und die länglichen Neuronen, welche jene synaptischen Verbindungen entfachen, die das Bewusstsein hervorrufen, wirklich zu sehen. Ich liebte die Kombination aus abstraktem Wissen und totaler Körperlichkeit, die mir die Gehirnchirurgie bot. Um Zugang zum Gehirn zu bekommen, muss man die Haut- und Gewebsschichten, die den Schädel bedecken, wegziehen und anschließend ein hochtouriges pneumatisches Gerät namens Midas-Rex-Bohrer einsetzen. Das ist ein sehr ausgeklügelter Teil unserer Ausrüstung, der Tausende von Dollar kostet, doch im Grunde genommen, ist es auch nur … ein Bohrer.

Desgleichen ist die chirurgische Reparatur des Gehirns zwar einerseits eine außerordentlich komplexe Unternehmung, aber eigentlich unterscheidet sie sich nicht sonderlich vom Reparieren irgendeiner anderen hochempfindlichen, unter Strom stehenden Maschine. Wenn ich eins ganz genau wusste, dann, was das Gehirn wirklich ist: eine Maschine, die das Phänomen Bewusstsein erzeugt. Sicher, die Wissenschaftler hatten noch nicht herausgefunden, wie die Neuronen im Gehirn das ganz genau bewerkstelligten, aber es war nur eine Frage der Zeit, bis sie es herausfinden würden. Beweise dafür gab es jeden Tag im Operationssaal. Eine Patientin wird mit Kopfschmerzen und Bewusstseinstrübungen eingeliefert. Man macht ein MRT (Magnetresonanztomogramm) von ihrem Gehirn und entdeckt einen Tumor. Die Patientin bekommt eine Vollnarkose, der Tumor wird entfernt, und ein paar Stunden später wacht sie auf und ist wieder ganz in dieser Welt. Keine Kopfschmerzen mehr. Kein Problem mehr mit dem Bewusstsein. Offenbar ziemlich einfach.

Ich liebte diese Einfachheit über alles – die absolute Ehrlichkeit und *Sauberkeit* der Wissenschaft. Ich respektierte, dass sie keinen Raum für Fantasie oder nachlässiges Denken ließ. Wenn sich eine Tatsache als greifbar und vertrauenswürdig erwies, wurde sie akzeptiert. Wenn nicht, wurde sie abgelehnt.

Dieser Ansatz ließ sehr wenig Raum für die Seele und den Geist sowie für das Weiterexistieren einer Persönlichkeit, nachdem das Gehirn, das diese unterstützte, seine

Arbeit eingestellt hatte. Und noch weniger Raum ließ er für das, wovon ich in der Kirche immer und immer wieder gehört hatte: für das »ewige Leben«.

Deswegen baute ich so sehr auf meine Familie – auf Holley und unsere Jungs, auf meine drei Schwestern und natürlich auf meine Mutter und meinen Vater. Ohne ihre fundamentale Unterstützung, ohne die Liebe und das Verständnis, die sie mir entgegenbrachten, wäre ich mit Sicherheit nicht in der Lage gewesen, meinen Beruf auszuüben und das zu tun, was ich tagein, tagaus tun musste, sowie die Dinge zu sehen, die ich Tag für Tag zu sehen bekam. Und deswegen hatte Phyllis (nachdem sie mit unserer Schwester Betsy telefoniert hatte) in jener Nacht beschlossen, mir im Namen unserer ganzen Familie etwas zu versprechen. Als sie dort saß und meine schlaffe, beinahe leblose Hand in ihren Händen hielt, versicherte sie mir, dass, was immer von nun an auch mit mir passieren werde, immer jemand genau hier sein und meine Hand halten werde.

»Wir lassen dich nicht gehen, Eben«, sagte sie. »Du brauchst einen Anker, der dich hier in dieser Welt hält, wo wir dich brauchen. Und den bekommst du von uns.«

Sie ahnte nicht, als wie wichtig sich dieser Anker in den kommenden Tagen erweisen würde.

7

Die kreisende Melodie
und der Übergang

Etwas war in der Dunkelheit aufgetaucht.

Es drehte sich langsam und strahlte dabei dünne Fäden aus weiß-goldenem Licht aus. Als das geschah, begann die Dunkelheit um mich herum zu zersplittern und auseinanderzufallen.

Dann hörte ich ein neues Geräusch: einen *lebendigen* Klang. Es folgte das prächtigste, vielschichtigste, schönste Musikstück, das ich je gehört hatte. Während sich ein reines, helles Licht herabsenkte, wurde die Musik immer lauter und löste das monotone, mechanische Pochen ab, das bis dahin seit gefühlten Äonen mein einziger Begleiter gewesen war.

Das Licht kam näher und immer näher, drehte und drehte sich und brachte diese Fäden aus reinem, hellem Licht hervor, die, wie ich jetzt sah, hier und da mit Gold gesprenkelt waren.

Dann tauchte mitten im Zentrum dieses Lichts noch etwas anderes auf. Ich konzentrierte meine Wahrnehmung angestrengt darauf, um herauszufinden, was es war.

Eine Öffnung. Ich schaute überhaupt nicht mehr *auf* das sich langsam drehende Licht, sondern *durch es hindurch.*

In dem Moment, in dem ich das begriffen hatte, begann ich mich nach oben zu bewegen. Schnell. Es gab ein zischendes Geräusch, und in Windeseile sauste ich durch die Öffnung und fand mich in einer völlig neuen Welt wieder.

Es war die eigenartigste, schönste Welt, die ich je gesehen hatte. Großartig, lebendig, ekstatisch, atemberaubend ... Ich könnte ein Adjektiv an das andere reihen, um zu beschreiben, wie diese Welt aussah und sich anfühlte, aber sie greifen alle zu kurz. Ich fühlte mich, als würde ich geboren. Nicht wiedergeboren oder neu geboren. Einfach nur geboren.

Unter mir lag eine Landschaft. Sie war grün, üppig und erdähnlich. Es *war* die Erde ... aber gleichzeitig auch nicht. Es war etwa so, als würden Sie mit Ihren Eltern an einen Ort zurückkehren, wo Sie als ganz kleines Kind ein paar Jahre verbracht haben. Sie glauben, den Ort nicht zu kennen. Aber während Sie sich umschauen, zieht Sie etwas an, und Sie erkennen, dass ein Teil von Ihnen – ein Teil ganz tief in Ihrem Inneren – sich sehr wohl an diesen Ort erinnert und sich freut, wieder dort zu sein.

Ich flog über Bäume und Felder, Flüsse und Wasserfälle, hier und da auch über Menschen. Kinder waren auch darunter. Sie lachten und spielten. Die Menschen sangen und tanzten in Kreisen, und manchmal sah ich einen Hund, der um sie herum und an ihnen hochsprang, weil die Menschen so voller Freude waren.

Sie trugen einfache und dennoch schöne Kleider, und ich hatte den Eindruck, dass die Farben dieser Kleider dieselbe Art von Wärme ausstrahlten wie die Bäume und die

Blumen, die in der Landschaft um sie herum grünten und blühten.

Eine unglaublich schöne Traumwelt …

Nur dass es sich nicht um einen Traum handelte. Obwohl ich nicht wusste, wo ich mich befand, und noch nicht einmal, was ich war, bestand für mich an einer Sache kein Zweifel: Der Ort, an dem ich mich plötzlich wiederfand, war vollkommen real.

Das Wort *real* steht für etwas Abstraktes, und es ist frustrierend, wie wirkungslos meine Versuche sind, das zu vermitteln, was ich beschreiben möchte. Stellen Sie sich vor, Sie sind ein Kind und gehen an einem schönen Sommertag ins Kino. Vielleicht war der Film gut, und Sie haben sich gut amüsiert, während Sie im Kino saßen. Doch dann ist die Vorstellung zu Ende, und Sie verlassen das Kino und kehren in die tiefe, lebendige, einladende Wärme des Sommernachmittags zurück. Und in dem Moment, in dem Ihnen die Luft und das Sonnenlicht entgegenschlagen, fragen Sie sich, warum um alles in der Welt Sie diesen prachtvollen Tag damit verschwendet haben, in einem dunklen Kino zu sitzen. Multiplizieren Sie dieses Gefühl mit dem Faktor tausend, und Sie haben immer noch nicht annähernd das Gefühl, das ich dort hatte, wo ich war.

Ich weiß nicht genau, wie lange ich so flog. (Die Zeit an diesem Ort war anders als die einfache lineare Zeit, die wir auf der Erde erleben, und sie ist genauso hoffnungslos schwer zu beschreiben wie jeder andere Aspekt davon.) Aber an einem bestimmten Punkt wurde mir klar, dass ich dort oben nicht allein war.

Jemand war ganz nah bei mir: eine schöne junge Frau

mit hohen Wangenknochen und tiefblauen Augen. Sie trug die gleiche bäuerliche Kleidung wie die Menschen dort unten. Goldbraune Locken umrahmten ihr liebliches Gesicht. Wir schwebten gemeinsam auf einer kompliziert gemusterten Oberfläche in unbeschreiblichen, strahlenden Farben: dem Flügel eines Schmetterlings. Genau genommen waren Millionen von Schmetterlingen überall um uns herum. Gewaltige, flatternde Wellen aus Schmetterlingen tauchten in die Vegetation und kamen wieder zu uns zurück. Es waren keine einzelnen, von den anderen getrennten Schmetterlinge, die auftauchten, sondern alle zusammen – als bewege sich ein Fluss aus Leben und Farbe durch die Luft. Wir flogen in träge verschlungenen Formationen, vorbei an blühenden Blumen und Knospen an den Bäumen, die sich öffneten, als wir näherkamen.

Die Kleidung der jungen Frau war einfach, aber die Farben – Puderblau, Indigo und ein zartes Pfirsich-Orange – hatten die gleiche überwältigende, plastische Lebendigkeit wie alles andere, wovon wir umgeben waren. Sie schaute mich an. Und hätten Sie diesen Blick nur wenige Momente sehen können, hätte er Ihnen das Gefühl gegeben, dass sich Ihr ganzes Leben bis zu diesem Zeitpunkt gelohnt hat, wie immer es bisher auch verlaufen sein mag. Es war kein romantischer Blick. Es war kein freundschaftlicher Blick. Es war ein Blick, der irgendwie über all das hinausging ... über all die verschiedenen Arten von Liebe, die wir hier auf der Erde kennen. Es war etwas Höheres, das all die anderen Arten von Liebe in sich trug und gleichzeitig echter und reiner war als sie alle zusammen.

Ohne auch nur ein Wort zu sagen, sprach sie zu mir. Die Botschaft ging durch mich hindurch wie ein Wind, und ich verstand sofort, dass sie wahr war. Ich wusste es auf dieselbe Weise, wie ich wusste, dass die Welt um uns herum real war – keine Fantasie, nichts Flüchtiges und Substanzloses.

Die Botschaft bestand aus drei Teilen, und wenn ich sie in eine irdische Sprache übersetzen müsste, würde ich sagen, dass sie in etwa so lauteten:

»Du wirst für immer zutiefst geliebt und geschätzt.«

»Du hast nichts zu befürchten.«

»Du kannst nichts falsch machen.«

Die Botschaft durchflutete mich mit einem gewaltigen, verrückten Gefühl der Erleichterung. Es war, als würden mir die Regeln für ein Spiel ausgehändigt, das ich mein ganzes Leben lang gespielt hatte, ohne es jemals ganz zu verstehen. »Wir werden dir hier viele Dinge zeigen«, sagte die junge Frau – wieder ohne tatsächlich diese Worte zu gebrauchen, sondern indem sie mir ihre Kernbotschaft direkt einflößte. »Doch am Ende wirst du zurückkehren.«

Dazu hatte ich nur eine Frage: Wohin zurück?

Erinnern Sie sich, wer hier zu Ihnen spricht. Ich bin kein dummer Gefühlsmensch. Ich weiß, wie der Tod aussieht. Ich weiß, wie es sich anfühlt, wenn sich eine lebende Person, mit der Sie in besseren Tagen gesprochen und gescherzt haben, in ein lebloses Objekt auf einem Operationstisch verwandelt, nachdem Sie stundenlang darum gekämpft haben, die Maschinerie ihres Körpers am Laufen zu halten. Ich weiß, wie Leid aussieht, und ich kenne die untröstliche Trauer in den Gesichtern von Angehörigen, die jemanden verloren haben, von dem sie nicht im Traum gedacht hätten, dass er irgendwann nicht mehr da sein könnte. Ich kenne meine Biologie, und obwohl ich kein Physiker bin, war ich auch in Physik kein Versager. Ich kenne den Unterschied zwischen Fantasie und Realität, und ich weiß, dass die Erfahrung, von der ich Ihnen hier einen vagen, weitgehend unbefriedigenden Eindruck zu vermitteln versuche, die wirklichste Erfahrung in meinem Leben war.

In der Tat hatte sie in der Realitätsabteilung nur eine Konkurrenz, die ich nun beschreiben werde.

8

Israel

Am nächsten Morgen um acht kam Holley wieder in mein Krankenzimmer. Sie löste Phyllis ab, setzte sich auf den Stuhl neben meinem Bett und nahm meine immer noch reglose Hand. Um etwa 11.00 Uhr kam Michael Sullivan, unser Nachbar und Pfarrer, und alle stellten sich im Kreis um mein Bett. Betsy hielt meine andere Hand, sodass auch ich einbezogen war. Unter Michaels Leitung sprachen alle ein Gebet. Sie waren gerade fertig, als einer der auf Infektionskrankheiten spezialisierten Ärzte mit einem neuen Befund aus dem Erdgeschoss kam. Obwohl sie meine Antibiotika über Nacht genau eingestellt hatten, stieg die Zahl meiner weißen Blutkörperchen weiter an. Die Bakterien setzten ihr Werk, das darin bestand, mein Gehirn aufzufressen, ungehindert fort.

Weil sie sich ziemlich schnell am Ende ihrer Möglichkeiten sahen, gingen die Ärzte mit Holley noch einmal alles, was ich in den letzten paar Tagen getan hatte, im Detail durch. Dann dehnten sie ihre Fragen auf die vergangenen Wochen aus. Gab es etwas – *irgendetwas* – an dem, was ich getan hatte, das ihnen dabei helfen konnte, eine Erklärung für meinen Zustand zu finden?

»Nun«, sagte Holley, »er war vor ein paar Monaten beruflich in Israel.«

Dr. Brennan hob den Blick von seinem Notizblock. *E.-coli*-Zellen können ihre DNA nicht nur mit anderen *E.-coli*-Zellen austauschen, sondern auch mit anderen gramnegativen bakteriellen Organismen. Das hat in unserer Zeit der weltweiten Reisen, der Bombardements mit Antibiotika und der schnell mutierenden bakteriellen Erregerstämme enorme Folgen. Sobald sich manche *E.-coli*-Bakterien in einer unwirtlichen biologischen Umgebung wiederfinden, in der es andere primitive Organismen gibt, die besser daran angepasst sind als sie, nehmen sie möglicherweise DNA von diesen besser angepassten Bakterien in sich auf und integrieren sie.

Im Jahr 1996 entdeckten Ärzte einen neuen Bakterienstamm, der DNA für ein Gen zur Bildung von *Klebsiella-pneumoniae*-Carbapenemase (KPC) beherbergte – ein Enzym, das sein Wirts-Bakterium resistent gegen Antibiotika macht. Dieser Bakterienstamm fand sich im Magen eines Patienten, der in einem Krankenhaus im Bundesstaat North Carolina gestorben war. Der Stamm erregte sofort die Aufmerksamkeit von Ärzten auf der ganzen Welt, als man herausfand, dass KPC ein Bakterium möglicherweise nicht nur gegen einige gängige Antibiotika resistent machen konnte, sondern gegen *alle.*

Wenn sich ein toxischer, gegen Antibiotika resistenter Bakterienstamm (einer, dessen nicht toxischer Vetter in unserem Körper allgegenwärtig ist) in der Allgemeinbevölkerung ausbreiten würde, konnte er über die Menschheit triumphieren. Uns würden auf absehbare Zeit keine neuen Antibiotika zur Verfügung stehen, die uns zu Hilfe kommen könnten.

Dr. Brennan wusste, dass nur wenige Monate zuvor ein Patient mit einer schweren bakteriellen Infektion in ein Krankenhaus eingeliefert worden war und dass man ihm in dem Bemühen, seine *Klebsiella-pneumoniae*-Infektion unter Kontrolle zu bekommen, eine ganze Reihe von starken Antibiotika verabreicht hatte. Aber der Zustand des Mannes verschlechterte sich permanent. Tests zeigten, dass er immer noch an dieser Infektion litt und dass die Antibiotika nicht gewirkt hatten. Weitere Tests ergaben, dass die im Dickdarm des Mannes lebenden Bakterien das KPC-Gen durch direkten Plasmidtransfer von seiner resistenten *Klebsiella-pneumoniae*-Infektion erworben hatten. Mit anderen Worten: Sein Körper hatte das Labor für die Erschaffung einer Bakterienspezies gebildet, die, wenn sie in die Allgemeinbevölkerung gelangte, dem Schwarzen Tod Konkurrenz machen konnte – der Pest, die im 14. Jahrhundert halb Europa ausgerottet hat.

Das Krankenhaus, in dem all das passierte, war das Sourasky Medical Center in Tel Aviv, Israel, und es war, wie gesagt, erst vor ein paar Monaten geschehen. Um genau zu sein, es war etwa zu der Zeit passiert, als ich dort gewesen war, um im Rahmen meiner Arbeit eine globale Forschungsinitiative mit Schwerpunkt Gehirnchirurgie per Ultraschall zu koordinieren.

Ich war um 3.15 Uhr in Jerusalem angekommen und hatte, nachdem ich mein Hotel aufgesucht hatte, spontan beschlossen, einen Bummel durch die Altstadt zu machen. Am Ende machte ich vor Sonnenuntergang allein einen Spaziergang durch die Via Dolorosa und besuchte den mutmaßlichen Schauplatz des Letzten Abendmahls. Die

Reise hatte mich auf eigenartige Weise bewegt, und als ich wieder zurück in den Staaten war, sprach ich oft mit Holley darüber. Aber zu der Zeit wusste ich weder etwas über den Patienten im Sourasky Medical Center noch über seine Bakterien mit den aufgenommenen KPC-Genen. Bakterien, die, wie sich herausstellte, selbst einem *E.-coli*-Stamm angehörten.

Konnte es sein, dass ich mir auf irgendeine Weise antibiotikaresistente, KPC beherbergende Bakterien eingefangen hatte, während ich in Israel war? Es war unwahrscheinlich. Aber es war eine mögliche Erklärung für die offensichtliche Resistenz meiner Infektion, und meine Ärzte machten sich daran herauszufinden, ob es wirklich solche Bakterien waren, die mein Gehirn attackierten. Dies war der erste von vielen Gründen, aus denen mein Fall Medizingeschichte schreiben sollte.

9

Das Zentrum

Mittlerweile war ich an einem Ort voller Wolken.

Große, bauschige, rosa-weiße Wolken, die sich scharf gegen den tief schwarzblauen Himmel abhoben.

Über den Wolken – unermesslich viel höher – zogen Scharen von durchsichtigen Kugeln über den Himmel und ließen lange, wie Luftschlangen aussehende Streifen hinter sich.

Vögel? Engel? Diese Worte meldeten sich, während ich meine Erinnerungen niederschrieb. Aber keines davon wird diesen Wesen gerecht, die sich deutlich von dem unterschieden, was ich bisher kannte. Sie waren weiter entwickelt. *Höher.*

Ein Klang, gewaltig und volltönend wie ein herrlicher Gesang, erschallte von oben, und ich fragte mich, ob es wohl die geflügelten Wesen waren, die ihn hervorbrachten. Als ich – wiederum viel später – darüber nachdachte, kam mir in den Sinn, dass die Freude dieser Kreaturen, während sie sich in die Höhe schwangen, so groß war, dass sie diese Geräusche machen *mussten.* Sie wären einfach nicht in der Lage, all diese Freude für sich zu behalten. Also sprudelte sie in dieser Weise aus ihnen heraus. Der Klang war greifbar und fast materiell wie ein Regen, den man zwar auf seiner Haut spüren kann, der einen aber nicht nass macht.

Sehen und Hören waren nicht voneinander getrennt an diesem Ort, an dem ich mich nun aufhielt. Ich konnte die sichtbare Schönheit der silbrigen Körper jener funkelnden Wesen über mir *hören* und die wogende, freudvolle Vollkommenheit dessen, was sie sangen, *sehen*. Es schien, als könne man sich in dieser Welt nichts anschauen oder anhören, ohne ein Teil davon zu werden – ohne sich auf irgendeine mysteriöse Weise damit zu verbinden. Wiederum aus meiner jetzigen Perspektive möchte ich behaupten, dass man in dieser Welt überhaupt nicht *auf* etwas schauen beziehungsweise sich etwas *an*schauen konnte, weil allein die Wörter *auf* und *an* eine Trennung implizieren, und die gab es dort nicht. Alles war deutlich und ausgeprägt, aber auch Teil von allem anderen wie die reichen und eng miteinander verflochtenen Muster eines Perserteppichs ... oder eines Schmetterlingsflügels.

Ein warmer Wind wehte, die Art von Wind, wie er an absolut perfekten Sommertagen aufkommt, um ein paar Blätter von den Bäumen zu wehen und wie ein himmlisches Wasser vorbeizuziehen. Eine göttliche Brise. Sie veränderte alles, brachte die Welt um mich herum auf eine höhere Oktave, versetzte sie in eine höhere Schwingung.

Obwohl meine Sprachfunktion noch immer kaum vorhanden war, zumindest nach unseren irdischen Vorstellungen nicht, fing ich an, diesem Wind – und dem göttlichen Wesen, das ich dahinter oder darin am Werk spürte – wortlose Fragen zu stellen.

Wo ist dieser Ort?

Wer bin ich?

Warum bin ich hier?

Jedes Mal, wenn ich in der Stille eine solche Frage aufwarf, kam die Antwort sofort, und zwar in Form einer Explosion aus Licht, Farbe, Liebe und Schönheit, die wie eine hohe Welle durch mich hindurchfegte. Was so wichtig an diesen Ausbrüchen war: Sie löschten meine Fragen nicht einfach aus, überwältigten sie nicht. Sie *beantworteten* sie, aber auf eine Art und Weise, die keine Sprache brauchte. Die Gedanken drangen direkt in mich ein. Aber es waren keine Gedanken, wie wir sie auf der Erde haben. Sie waren nicht vage, immateriell oder abstrakt. Diese Gedanken waren massiv und unmittelbar – heißer als Feuer und nasser als Wasser –, und während ich sie empfing, war ich auf der Stelle und ohne jede Anstrengung in der Lage, Konzepte zu begreifen, für deren Verständnis ich in meinem irdischen Leben Jahre gebraucht hätte.

Ich bewegte mich noch weiter und ging alsbald in eine gewaltige Leere ein – vollkommen dunkel, unermesslich groß, aber auch unendlich tröstlich. Sie war rabenschwarz, floss aber gleichzeitig über vor Licht – einem Licht, das aus einer strahlenden Kugel zu kommen schien, die ich jetzt direkt neben mir spürte. Diese Kugel lebte und war fast materiell, wie die Lieder der Engelwesen es gewesen waren.

Meine Situation ähnelte seltsamerweise der eines Fötus im Mutterleib. Der Fötus schwebt im Mutterleib mit seiner stillen Partnerin, der Plazenta, die ihn ernährt und als Vermittlerin zu der überall präsenten und doch unsichtbaren Mutter fungiert. In diesem Fall war die »Mutter« Gott, der Schöpfer, die Quelle, die für die Entstehung des ganzen Universums verantwortlich ist. Dieses Wesen war so nah, dass es überhaupt keine Distanz mehr zwischen Gott und mir selbst gab. Aber gleichzeitig konnte ich die unendliche Weite des Schöpfers spüren, konnte sehen, wie winzig klein ich im Vergleich zu ihm war. Ich werde Gott gelegentlich *Om* nennen, weil ich diese Bezeichnung für ihn ursprünglich in meinen Aufzeichnungen nach dem Koma benutzt habe. »Om« war der Klang, den ich im Zusammenhang mit dem allwissenden, allmächtigen und bedingungslos liebenden Gott gehört hatte, aber jede Beschreibung von ihm greift zu kurz.

Die reine Weite, die das Om und mich trennte, war, wie ich erkannte, der Grund, warum die Lichtkugel mein Begleiter war. Ich konnte es zwar nicht ganz begreifen, aber ich war mir dennoch sicher, dass diese Kugel eine Art »Übersetzer« zwischen mir und dieser außerordentlichen Präsenz bildete, die mich umgab.

Es war, als würde ich in eine größere Welt geboren. Das Universum glich einem gigantischen kosmischen Mutterleib und die Lichtkugel (die auf irgendeine Weise mit der jungen Frau auf dem Schmetterlingsflügel, der in Wirklichkeit *eins mit ihr* war, verbunden blieb) führte mich durch diesen Prozess.

Später, als ich mich wieder in dieser Welt befand, stieß ich auf einen Satz des christlichen Dichters Henry Vaughan aus dem 17. Jahrhundert, der diesen Ort ziemlich gut beschreibt – dieses gewaltige, tintenschwarze Zentrum, welches das Göttliche beheimatet: »In Gott ist, sagen manche, eine tiefe und doch blendende Dunkelheit …« Genau das war es: eine tiefschwarze Dunkelheit, die zugleich übervoll von Licht war.

Das Wechselspiel aus Fragen und Antworten wurde fortgesetzt. Obwohl wir nach wie vor nicht in Form einer Sprache, wie wir sie kennen, kommunizierten, war die »Stimme« dieses Wesens warm und – ich weiß, das mag seltsam klingen – persönlich. Es verstand die Menschen und verfügte über Eigenschaften, die wir auch haben, nur in einem unendlich größeren Ausmaß. Es kannte mich in- und auswendig und sprudelte über vor Eigenschaften, die ich mein ganzes Leben lang mit menschlichen Wesen – und nur mit menschlichen Wesen – in Verbindung gebracht hatte: Wärme, Mitgefühl, Pathos … ja, sogar Humor und Ironie.

Über die Lichtkugel teilte das Om mir mit, dass es nicht nur ein Universum gibt, sondern viele – in der Tat mehr, als ich begreifen konnte. Doch die Liebe war das Herzstück von ihnen allen. Auch das Böse war in jedem anderen Universum präsent, aber nur in winzigen Mengen. Das Böse war notwendig, denn ohne es war die Ausübung des freien Willens nicht möglich. Und ohne freien Willen konnte es kein Wachstum geben – keine Vorwärtsbewegung und keine Chance für uns, das zu werden, was sich Gott für uns ersehnte. So schrecklich und allmächtig das Böse in einer Welt wie der unseren manchmal auch zu sein schien, insgesamt betrachtet war die Liebe von überwältigender Dominanz und würde letztlich triumphieren.

Ich sah den Überfluss des Lebens in den zahllosen Universen, auch in manchen, in denen die Intelligenz sehr viel weiter entwickelt war als die der Menschheit auf der Erde. Ich sah, dass es unzählige höhere Dimensionen gibt und dass die einzige Möglichkeit, diese Dimensionen kennenzulernen, darin besteht, sich dort hineinzubegeben und sie direkt zu erfahren. Sie können von einer niedrigeren Dimension aus nicht erkannt oder verstanden werden. Ursache und Wirkung existieren auch in diesen höheren Bereichen, doch jenseits unserer irdischen Auffassung von ihnen. Die Welt aus Zeit und Raum, in der wir uns in diesem irdischen Bereich bewegen, ist eng und vielfältig mit diesen höheren Welten vernetzt. Mit anderen Worten: Diese Welten sind nicht völlig von uns abgesondert, weil alle Welten ein Teil derselben allumfassenden göttlichen Realität sind. Von diesen höheren Welten aus hat man Zugang zu jeder Zeit und jedem Ort in unserer Welt.

Ich werde den Rest meines Lebens und noch viel mehr brauchen, um verarbeiten zu können, was ich dort oben gelernt habe. Das Wissen, das ich erhielt, wurde mir nicht so vermittelt, wie es etwa im Geschichtsunterricht oder bei einem mathematischen Lehrsatz üblich ist. Die Einsichten stellten sich unmittelbar ein und mussten nicht beschworen und eingeordnet werden. Das Wissen wurde ohne Auswendiglernen gespeichert, sofort und für immer. Dieses Wissen verblasste auch nicht, wie das bei gewöhnlichen Informationen der Fall ist. Es steht mir bis zum heutigen Tag zur Verfügung und ist sehr viel klarer und deutlicher als alles Wissen, das ich während meiner Schulzeit erworben habe.

Damit will ich nicht sagen, dass ich jederzeit so mir nichts, dir nichts an dieses Wissen herankomme. Denn jetzt, wo ich wieder hier, im irdischen Bereich bin, muss ich es mit meinem begrenzten physischen Körper und meinem begrenzten physischen Gehirn verarbeiten. Aber es ist da, eingeprägt in mein Sein. Das spüre ich. Für einen Menschen wie mich, der sein ganzes Leben lang hart gearbeitet hat, um auf die altmodische Weise Wissen und Verständnis anzusammeln, war allein die Entdeckung dieser höheren Ebene des Lernens genug, um mir ewig lange Stoff zum Nachdenken zu geben …

Leider stellte sich die Situation für meine Familie und meine Ärzte hier auf der Erde ganz anders dar.

10

Was zählt

Holley war nicht entgangen, wie interessiert die Ärzte reagierten, als sie meine Reise nach Israel erwähnte. Aber natürlich verstand sie nicht, warum diese Information so wichtig war. Im Nachhinein war das ein Segen. Die Nachricht von meinem möglichen Tod zu verkraften war schwer genug, auch ohne die zusätzliche Wahrscheinlichkeit, dass ich der Indexpatient für das Äquivalent der Pest im 21. Jahrhundert war.

Mittlerweile wurden weitere Telefongespräche mit Freunden und Familienangehörigen geführt. Auch mit meiner biologischen Familie.

Als kleiner Junge hatte ich meinen Vater geradezu angebetet. Er war zwanzig Jahre lang Stabschef am Wake Forest Baptist Medical Center in Winston-Salem gewesen. Ich hatte mich für eine wissenschaftliche Karriere in der Neurochirurgie entschieden, weil ich in seine Fußstapfen treten wollte, obwohl ich wusste, dass ich seine Stelle nie ganz einnehmen konnte.

Mein Vater war ein zutiefst spiritueller Mann. Während des Zweiten Weltkriegs hatte er in den Dschungeln von Neuguinea und den Philippinen als Chirurg bei der Luftwaffe gedient. Er war Zeuge von Brutalität und Leid geworden und hatte selbst sehr gelitten. Er erzählte mir von

Nächten, in denen er Kriegsverletzungen in Zelten operierte, die unter den Monsunregengüssen, die auf sie herunterprasselten, kaum aufrecht stehen blieben, wobei eine derart drückende Hitze und Feuchtigkeit herrschten, dass sich die Chirurgen bis auf die Unterwäsche auszogen, um sie überhaupt ertragen zu können.

Papa hatte Betty, die Liebe seines Lebens (und die Tochter seines kommandierenden Offiziers) im Oktober 1942 während seiner Ausbildung für seinen Pazifik-Einsatz geheiratet. Bei Kriegsende war er Teil der ersten Gruppe von alliierten Streitkräften, die Japan besetzten, nachdem die Vereinigten Staaten Atombomben auf Hiroshima und Nagasaki geworfen hatten. Als einziger US-Militär-Neurochirurg in Tokio war er offiziell unentbehrlich. Er war zudem ausreichend qualifiziert, um auch Ohr-, Nasen- und Kehlkopfoperationen durchzuführen.

Diese Qualifikationen sorgten dafür, dass er längere Zeit nirgendwohin konnte. Sein neuer kommandierender Offizier wollte ihm nicht erlauben, in die Staaten zurückzukehren, bevor die Situation »stabiler« war. Mehrere Monate nachdem die Japaner an Bord des Kriegsschiffes *Missouri* in der Bucht von Tokio formell kapituliert hatten, bekam Papa endlich seine Entlassungspapiere, die es ihm erlaubten, nach Hause zurückzukehren. Es war ihm jedoch klar, dass der vor Ort kommandierende Offizier diese Order widerrufen hätte, wenn sie ihm auf den Tisch gekommen wäre. Papa wartete also bis zu einem Wochenende, an dem dieser Offizier auf Heimaturlaub war, und ließ die Order durch dessen Stellvertreter bearbeiten. Im Dezember 1945, als die meisten seiner Mitsoldaten schon längst zu ihren Familien zurückgekehrt waren, ging auch er endlich an Bord eines Schiffes in Richtung Heimat.

Nachdem er Anfang 1946 wieder in den Staaten angekommen war, beendete Papa seine neurochirurgische Ausbildung zusammen mit seinem Freund Donald Matson, der gemeinsam mit ihm an der Harvard Medical School studiert und als Militärarzt in Europa gedient hatte. Sie absolvierten ihre Ausbildung an den Krankenhäusern Peter Bent Brigham und Children's Hospital in Boston (Vorzeigekrankenhäuser der Harvard Medical School) unter Dr. Franc D. Ingraham, der einer der letzten Assistenzärzte von Dr. Harvey Cushing, dem weltweit renommierten Vater der modernen Neurochirurgie, gewesen war. In den 1950er- und 1960er-Jahren setzte der gesamte Kader der »3131C«-Neurochirurgen (wie sie von der US-Luftwaffe offiziell genannt wurden), die ihr Handwerk auf den Schlachtfeldern Europas und der pazifischen Region zur Vollkommenheit gebracht hatten, die Maßstäbe für die Neurochirurgen des nächsten halben Jahrhunderts, einschließlich meiner Generation.

Meine Eltern waren zur Zeit der Weltwirtschaftskrise aufgewachsen und vertraten eine rigide Arbeitsmoral. Papa kam immer gerade rechtzeitig zum gemeinsamen Abendessen um 19.00 Uhr nach Hause, normalerweise in Anzug und Krawatte. Manchmal hatte er aber auch noch den OP-Kittel an. Dann ging er anschließend noch einmal zurück ins Krankenhaus und nahm oft eins von uns Kindern mit. Wir machten dann Hausaufgaben in seinem Büro, während er auf Patientenvisite war. Für meinen Vater waren Leben und Arbeit im Grunde ein und dasselbe, und er hat uns entsprechend erzogen. Normalerweise mussten meine Schwestern und ich sonntags Gartenarbeiten verrichten. Wenn wir zu ihm sagten, wir würden lieber ins Kino gehen, entgegnete er: »Wenn ihr ins Kino geht, muss ein anderer arbeiten.« Er war auch ein harter Wettkämpfer. Auf dem Squashfeld betrachtete er jedes Spiel als »Kampf um Leben und Tod«, und sogar als er schon um die achtzig war, hielt er immer Ausschau nach neuen Gegnern, die oft Jahrzehnte jünger waren als er.

Er war ein fordernder Vater, aber auch ein wunderbarer. Er begegnete jedem mit Respekt. In der Tasche seines Laborkittels hatte er stets einen Schraubendreher, um jede lose Schraube, die er auf seinen Runden durch das Krankenhaus möglicherweise entdeckte, wieder festzuziehen. Seine Patienten, die anderen Ärzte, die Schwestern und das gesamte Krankenhauspersonal liebten ihn. Ob er nun Patienten operierte, dazu beitrug, die Forschung voranzutreiben, Neurochirurgen ausbildete (seine ganz besondere Leidenschaft) oder die Zeitschrift *Surgical Neurology* herausgab (was er einige Jahre lang tat), immer sah Papa seinen besonderen Weg durchs Leben klar vor sich. Selbst nachdem er sich schließlich mit einundsiebzig Jahren endgültig aus dem Operationssaal verabschiedet hatte, informierte er sich weiterhin ständig über die neuesten Entwicklungen auf seinem Fachgebiet. Nach seinem Tod im Jahr 2004 schrieb sein langjähriger Kollege Dr. David L. Kelly jr.: »Wir werden Dr. Alexander wegen seines Enthusiasmus und seiner Fähigkeiten, seines Durchhaltevermögens und seiner Liebe zum Detail, seines Mitgefühls, seiner Ehrlichkeit und seiner Vortrefflichkeit in allem, was er tat, stets in guter Erinnerung behalten.« Kein Wunder also, dass ich ihn ebenso verehrte wie so viele andere.

Schon sehr früh, so früh, dass ich mich nicht einmal mehr erinnere, wann genau es war, erzählten mir Mama und Papa, dass sie mich adoptiert hatten (oder »ausgewählt«, wie sie sich ausdrückten, denn sie versicherten mir, dass sie schon in dem Moment, in dem sie mich zum ersten Mal sahen, wussten, dass ich ihr Kind war). Sie waren nicht meine biologischen Eltern, aber sie liebten mich so innig, als wäre ich ihr eigenes Fleisch und Blut. Ich wuchs mit dem Wissen auf, dass man mich im April 1954 im Alter von vier Monaten adoptiert hatte und dass meine biologische Mutter sechzehn Jahre alt gewesen war, als sie mich im Jahr 1953 zur Welt brachte – eine Schülerin an der Highschool und unverheiratet. Ihr Freund, ein Oberstufenschüler, der in nächster Zukunft nicht in der Lage gewesen wäre, ein Kind zu ernähren, war einverstanden, mich zur Adoption freizugeben, auch wenn mich beide lieber behalten hätten. Das Wissen um all diese Dinge kam so früh, dass es einfach ein Teil von mir war, genauso fraglos akzeptiert wie das Rabenschwarz meiner Haare und die Tatsache, dass ich Hamburger mochte und Blumenkohl nicht. Ich liebte meine Adoptiveltern, als wären sie meine Blutsverwandten, und sie hatten mir gegenüber genau die gleichen Gefühle.

Jean, meine ältere Schwester, war ebenfalls adoptiert worden. Doch fünf Monate nachdem meine Eltern mich adoptiert hatten, wurde meine Mutter selbst schwanger. Sie bekam ein Mädchen – meine Schwester Betsy. Fünf Jahre später wurde dann Phyllis geboren, unsere jüngste Schwester. Wir waren in jeder Hinsicht richtige Geschwister. Ich wusste, dass ich ihr Bruder war, wo immer ich auch herkam, und dass sie meine Schwestern waren. Ich bin in einer Familie aufgewachsen, die mich nicht nur liebte, sondern die auch an mich glaubte und meine Träume unterstützte. Einschließlich des Traums, der mich schon in der Highschool packte und nie mehr losließ, bis er sich für mich erfüllt hatte: Neurochirurg zu werden wie mein Vater.

In meiner Zeit am College und an der Medizinischen Hochschule dachte ich nicht über meine Adoption nach – zumindest nicht bewusst. Ich wandte mich allerdings mehrmals an die Children's Home Society von North Carolina und fragte nach, ob meine Mutter vielleicht irgendein Interesse daran habe, sich mit mir zu treffen. In North Carolina gab es jedoch die bundesweit strengsten Gesetze zum Schutz der Anonymität von Adoptivkindern und ihren leiblichen Eltern. Sie galten auch, wenn eine der Parteien unbedingt wieder mit der anderen zusammenkommen wollte. Nachdem ich dreißig geworden war, dachte ich zunehmend seltener über dieses Thema nach. Und als ich Holley kennengelernt hatte und wir unsere eigene Familie gründeten, trat diese Frage noch weiter in den Hintergrund oder verschwand noch tiefer in mein Inneres.

1999 lebten wir noch in Massachusetts. Eben IV. war damals zwölf Jahre alt und nahm an der Charles-River-Schule, wo er die sechste Klasse besuchte, an einem Kurs zum Thema familiäres Erbe teil. Er wusste, dass ich adoptiert worden war und er demnach Blutsverwandte auf diesem Planeten hatte, die er nicht persönlich und noch nicht einmal dem Namen nach kannte. Das Projekt weckte in ihm eine tiefe Neugierde.

Er fragte mich, ob wir nicht meine leiblichen Eltern ausfindig machen könnten. Ich erklärte, ich sei im Laufe der Jahre gelegentlich selbst in dieser Sache tätig geworden, hätte die Children's Home Society von North Carolina kontaktiert und gefragt, ob es irgendwelche Nachrichten für mich gebe. Wenn meine biologische Mutter oder mein biologischer Vater Kontakt zu mir hätten aufnehmen wollen, wäre die Gesellschaft darüber informiert gewesen. Aber ich hatte nie eine entsprechende Antwort bekommen.

Nicht dass mir das etwas ausgemacht hätte. »Das ist ganz natürlich unter solchen Umständen«, sagte ich Eben. »Es bedeutet nicht, dass meine leibliche Mutter mich nicht liebt oder dass sie dich nicht lieben würde, wenn sie dich jemals zu Gesicht bekäme. Aber sie will das nicht, vermutlich weil sie spürt, dass du und ich unsere eigene Familie haben, und sie sich da nicht einmischen will.«

Doch Eben ließ nicht locker. Also dachte ich schließlich, ich könne ihn ein wenig bei Laune halten, indem ich einer Sozialarbeiterin der Children's Home Society einen Brief schrieb. Ihr Name war Betty, und sie war mir schon früher bei meinen Anfragen behilflich gewesen. Ein paar Wochen später, an einem verschneiten Freitagnachmittag im Februar 2000, fuhren Eben IV. und ich für ein Skiwochenende von Boston nach Maine. Da fiel mir plötzlich ein, dass ich Betty hatte anrufen wollen, um zu erfahren, ob sie irgendetwas erwirkt hatte. Ich erreichte sie über Handy.

»Nun«, sagte sie, »ich habe *tatsächlich* ein paar Nachrichten für Sie. Sitzen Sie gut?«

Ich saß in der Tat, also sagte ich das auch, verzichtete jedoch darauf zu erwähnen, dass ich gerade mit dem Auto durch einen Schneesturm fuhr.

»Wie sich herausgestellt hat, Dr. Alexander, haben Ihre leiblichen Eltern doch noch geheiratet.«

Mein Herz hämmerte in meiner Brust, und die Straße vor mir war plötzlich unwirklich und ganz weit weg. Obwohl ich wusste, dass sich meine Eltern geliebt hatten, war ich immer davon ausgegangen, dass sie getrennte Wege gegangen waren, nachdem sie mich weggegeben hatten. Augenblicklich tauchte ein Bild in meinem Kopf auf. Ein Bild von meinen leiblichen Eltern und von dem Zuhause, das sie sich irgendwo geschaffen hatten. Ein Zuhause, das ich nie gekannt hatte. Ein Zuhause, das nicht meines war.

Betty unterbrach meine Gedanken. »Dr. Alexander?«

»Ja«, sagte ich langsam. »Ich bin noch dran.«

»Da ist noch etwas.«

Zu Ebens Verwirrung fuhr ich das Auto an den Straßenrand und sagte ihr, sie solle weitersprechen.

»Ihre Eltern hatten noch drei weitere Kinder, zwei Schwestern und einen Bruder. Ich war in Kontakt mit der älteren Schwester, und sie hat mir erzählt, dass Ihre jüngere Schwester vor zwei Jahren gestorben ist. Ihre Eltern betrauern diesen Verlust noch immer.«

»Das heißt also …?«, fragte ich nach einer langen Pause. Ich war immer noch wie betäubt und nahm alles in mich auf, ohne irgendetwas davon wirklich verarbeiten zu können.

»Es tut mir leid, Dr. Alexander, aber ja – es bedeutet, dass Ihre Bitte um Kontaktaufnahme abgelehnt ist.«

Eben veränderte seine Position auf dem Sitz hinter mir.

Er wusste, dass hier gerade etwas Bedeutendes passiert war, aber nicht, worum es sich handelte.

»Was ist los, Papa?«, fragte er, nachdem ich aufgelegt hatte.

»Nichts«, antwortete ich. »Die Agentur weiß immer noch nicht viel, aber sie arbeiten daran. Vielleicht dauert es noch ein Weilchen. Vielleicht …«

Ich verstummte. Draußen wurde der Sturm immer heftiger. Ich konnte nur etwa hundert Meter weit in die niedrigen weißen Wälder schauen, die sich um uns herum ausbreiteten. Ich legte den Gang ein, schaute sorgfältig in den Rückspiegel und fuhr wieder auf die Straße.

Schlagartig hatte sich meine Sicht auf mich selbst total verändert. Nach diesem Telefongespräch war ich natürlich immer noch alles, was ich zuvor gewesen war: immer noch Wissenschaftler, immer noch Arzt, immer noch Vater, immer noch Ehemann. Aber ich fühlte mich zum ersten Mal in meinem Leben nun auch wie ein Waisenkind. Wie jemand, der weggegeben worden war. Wie jemand, der nicht vollkommen, nicht zu 100 Prozent erwünscht war.

Vor diesem Telefongespräch hatte ich mich niemals wirklich so gesehen: als jemanden, der von seinem Ursprung abgeschnitten ist. Ich hatte mich nie in Zusammenhang mit etwas definiert, das ich verloren hatte und niemals zurückgewinnen konnte. Aber plötzlich war dies das Einzige, was ich an mir sehen konnte.

In den folgenden Monaten tat sich ein Ozean der Traurigkeit in mir auf – eine Traurigkeit, die alles, für dessen Erschaffung ich bis zu diesem Punkt so hart gearbeitet hatte, zu überfluten und zu versenken drohte.

Verschlimmert wurde dies durch meine Unfähigkeit, der Ursache für diese Situation wirklich auf den Grund zu gehen. Ich hatte auch früher schon innere Probleme gehabt – Schwächen, wie ich meinte – und sie in den Griff bekommen. An der Medizinischen Hochschule und in meiner Anfangszeit als Chirurg beispielsweise war ich Teil einer Kultur gewesen, in der Saufgelage – im richtigen Rahmen – mit einem Lächeln akzeptiert wurden. Aber 1991 war mir aufgefallen, dass ich meinen freien Tag und die Drinks, die damit einhergingen, ein bisschen zu heiß herbeisehnte. Da beschloss ich, dass es höchste Zeit war, ganz mit dem Trinken von Alkohol aufzuhören. Dies war beim besten Willen nicht einfach – ich hatte mich schon mehr an diese Art von Entspannung gewöhnt, als mir überhaupt klar war –, und ich schaffte es nur mit der Unterstützung meiner Familie durch diese ersten Tage der Abstinenz. Und jetzt hatte ich ein weiteres Problem, an dem ich ganz allein schuld war. Ich konnte Hilfe haben, um damit klarzukommen, wenn ich mich entschied, darum zu bitten. Warum konnte ich es nicht im Keim ersticken? Es kam mir merkwürdig vor, dass ein Stück Wissen über meine Vergangenheit – ein Stück, über das ich keine wie auch immer geartete Kontrolle hatte – in der Lage sein sollte, mich sowohl emotional als auch beruflich so vollkommen aus der Bahn zu werfen.

Also kämpfte ich. Und ich sah ungläubig zu, wie es mir immer schwerer fiel, meinen Rollen als Arzt, als Vater und als Ehemann gerecht zu werden. Als Holley merkte, dass irgendetwas mit mir nicht stimmte, meldete sie uns zu einem Kurs in Paartherapie an. Obwohl sie nur teilweise verstand, was die Ursache dafür war, verzieh sie mir, dass ich in dieses tiefe Loch der Verzweiflung fiel, und tat alles, was sie konnte, um mich wieder herauszuziehen. Meine Depression hatte Auswirkungen auf meine Arbeit. Meine Eltern bekamen diese Veränderung natürlich auch mit, und obwohl ich wusste, dass auch sie mir vergaben, brachte es mich fast um, dass meine Karriere in der Neurochirurgie am Kippen war, und sie konnten nichts tun, als es wie unbeteiligte Außenstehende zu beobachten. Ohne meine Mitwirkung konnte meine Familie mir nicht helfen.

Und schließlich beobachtete ich, dass, während diese neue Traurigkeit zutage trat, etwas anderes weggeschwemmt wurde, nämlich meine letzte, halb eingestandene Hoffnung, dass es irgendein persönliches Element im Universum gibt – eine Kraft, die über die wissenschaftliche hinausging, der ich Jahre des Studiums gewidmet hatte. In weniger nüchternen Worten: Es fegte meinen letzten Glauben daran hinweg, dass es ein irgendwie geartetes Wesen dort draußen geben könnte, das mich wirklich liebte und sich um mich kümmerte, und dass meine Gebete vielleicht erhört und sogar beantwortet werden könnten. Nach diesem Telefonat im Schneesturm war meine Vorstellung von einem liebenden, persönlichen Gott – bis zu einem gewissen Grad mein Geburtsrecht als ein zur Kirche gehendes Mitglied einer Kultur, für die Gott eine wirkliche Bedeutung hat – vollkommen verschwunden.

Gab es tatsächlich eine Kraft oder Intelligenz, die auf uns alle achtgab?

Wer kümmerte sich auf wahrhaft liebende Weise um uns Menschen? Ich war selbst überrascht, am Ende zugeben zu müssen, dass ich trotz meiner ganzen medizinischen

Ausbildung und Erfahrung immer noch brennend, wenn auch heimlich an dieser Frage interessiert war, ebenso wie ich sehr viel stärker an der Frage nach meinen leiblichen Eltern interessiert gewesen war, als ich es mir je bewusst gemacht hatte.

Leider war die Antwort auf die Frage, ob es ein solches Wesen gab, dieselbe wie auf die Frage, ob meine leiblichen Eltern mir ihr Leben und ihre Herzen noch einmal öffnen würden.

Diese Antwort lautete Nein.

11

Das Ende der Abwärtsspirale

In den nächsten sieben Jahren litten meine Karriere und mein Familienleben. Lange Zeit wussten die Menschen um mich herum – selbst diejenigen, die mir nahestanden – nicht genau, worin die Ursache des Problems bestand. Doch nach und nach setzten Holley und meine Schwestern aufgrund von beiläufigen Bemerkungen von mir die Puzzleteile zusammen.

Schließlich sprachen Betsy und Phyllis während eines Familienurlaubs im Juli 2007 bei einem Morgenspaziergang an einem Strand in South Carolina das Thema an.

»Hast du mal darüber nachgedacht, deiner leiblichen Familie noch einen Brief zu schreiben?«, fragte Phyllis.

»Ja«, fügte Betsy hinzu. »Die Dinge könnten sich mittlerweile geändert haben, man weiß ja nie.«

Betsy hatte uns kürzlich erzählt, sie denke selbst darüber nach, ein Kind zu adoptieren. Ich war also nicht völlig überrascht, dass das Thema aufkam. Dennoch war meine spontane Reaktion, eher mental als verbal: *O nein, nicht schon wieder!* Ich erinnerte mich an den immensen Abgrund, der sich nach der Zurückweisung, mit der ich vor sieben Jahren konfrontiert worden war, vor mir aufgetan hatte. Andererseits wusste ich, dass Betsy und Phyllis das Herz auf dem rechten Fleck hatten. Ihnen war klar, dass ich litt. Sie hatten schließlich herausgefunden warum, und sie wollten, dass ich etwas zur Lösung des Problems unternahm – zu Recht. Sie versprachen mir, dass sie diesen Weg mit mir gemeinsam gehen würden, dass ich die Reise nicht allein machen müsse, wie ich es zuvor getan hatte. Wir waren ein Team.

Also schrieb ich Anfang August 2007 einen Brief ohne Angabe des Absenders an meine leibliche Schwester, die in dieser Angelegenheit als Türhüterin fungierte, und schickte ihn zur Weiterleitung an Betty bei der Children's Home Society von North Carolina:

Liebe Schwester,
ich würde gern zu Dir, unserem Bruder und unseren El-
tern Kontakt aufnehmen. Ich habe mit meinen Adoptiv-
schwestern und meiner Adoptivmutter ausführlich darüber
gesprochen, und ihre Unterstützung sowie ihr Interesse ha-
ben meinen Wunsch, mehr über meine biologische Familie
zu wissen, wiederaufleben lassen.

Auch meine beiden Söhne – 9 und 19 Jahre alt – sind an
ihrer Abstammung interessiert. Wir drei und meine Frau
wären Dir sehr dankbar für alle Hintergrundinformatio-
nen, die Du uns mitteilen magst. Ich frage mich beispiels-
weise, welches Leben meine leiblichen Eltern in ihren jun-
gen Jahren und bis jetzt geführt haben. Welche Interessen
haben sie? Was für Persönlichkeiten sind sie?

In Anbetracht der Tatsache, dass wir alle älter werden,
hoffe ich, dass ich sie bald treffen kann. Unsere Absprachen
können in gegenseitigem Einvernehmen getroffen werden.
Sei versichert, dass ich jedes Maß an Privatsphäre, das
unsere Eltern aufrechterhalten möchten, respektieren werde.
Ich habe eine wunderbare Adoptivfamilie und respektiere die

*Entscheidung, die meine leiblichen Eltern in ihrer Jugend ge-
troffen haben. Mein Interesse ist echt, und ich bin bereit, alle
Grenzen einzuhalten, die sie für notwendig erachten.*

*Ich wäre Dir sehr dankbar, wenn Du hierüber nachden-
ken würdest.*

Mit herzlichen Grüßen

Dein älterer Bruder

Ein paar Wochen später bekam ich einen Brief mit dem Ab-
sender der Children's Home Society. Er war von meiner
leiblichen Schwester.

»Ja, wir würden Dich gern kennenlernen«, schrieb sie.
Die Gesetze des Staates North Carolina verboten ihr, mir
irgendwelche identifizierenden Informationen zu geben,
aber unter Einhaltung dieser Bedingungen gab sie mir die
ersten echten Hinweise auf meine biologische Familie, die
ich nie kennengelernt hatte.

Als ich las, dass mein Vater Marineflieger in Vietnam gewesen war, war ich schwer beeindruckt. Kein Wunder, dass
ich immer so gern aus Flugzeugen gesprungen und in Se-
gelflugzeugen unterwegs gewesen war. Mein leiblicher Vater hatte außerdem, wie ich erstaunt erfuhr, während der
Apollo-Missionen Mitte der 1960er-Jahre eine Astronau-
tenausbildung bei der NASA gemacht (ich hatte selbst darüber nachgedacht, mich 1983 zum Spezialisten für eine
bemannte Weltraummission ausbilden zu lassen). Mein
leiblicher Vater hatte später als Pilot für Airlines wie Pan
Am und Delta gearbeitet.

Im Oktober 2007 lernte ich schließlich meine biologischen Eltern Ann und Richard sowie meine leiblichen

Geschwister Kathy und David kennen. Ann erzählte mir die ganze Geschichte, wie sie 1953 drei Monate im Florence-Crittenden-Heim für unverheiratete Mütter direkt neben dem Charlotte Memorial Hospital verbracht hatte. Dort trugen alle Mädchen Codenamen, und weil sich meine Mutter gut in amerikanischer Geschichte auskannte, wählte sie Virginia Dare, den Namen des ersten Babys, das in einer Familie englischer Siedler in der Neuen Welt geboren worden war. Die meisten Mädchen nannten sie einfach Dare. Mit sechzehn war sie die Jüngste dort.

Sie erzählte mir auch, ihr Vater sei bereit gewesen, alles zu tun, um ihr zu helfen, als er von ihrer »misslichen Lage« erfuhr. Er war sogar bereit gewesen, notfalls mit der ganzen Familie woanders hinzuziehen. Doch damals war er gerade ohne Arbeit, und ein neues Baby im Haus hätte eine große finanzielle Belastung bedeutet – von den anderen Problemen ganz zu schweigen

Ein guter Freund von ihm hatte sogar erwähnt, er kenne einen Arzt unten in Dillon, South Carolina, der »die Dinge in Ordnung bringen« könne. Doch *davon* wollte ihre Mutter nichts hören.

Ann erzählte mir, dass sie in jener eisigen Dezembernacht im Jahr 1953 zu den Sternen aufgeschaut habe, die über den böigen Winden einer herannahenden Kaltfront wild blinkten, und wie sie unter vereinzelten, tief hängenden und schnell dahinziehenden Wolken die leeren Straßen entlanggegangen sei. Sie habe ganz allein sein wollen, nur mit dem Mond und den Sternen und ihrem Baby, das bald geboren werden sollte: mit mir.

»Die Mondsichel hing tief im Westen. Der strahlende

Jupiter ging gerade auf, um die ganze Nacht über uns zu wachen. Richard beschäftigte sich gern mit Wissenschaft und Astronomie und erzählte mir später, dass Jupiter in jener Nacht in Opposition stand und danach fast neun Jahre lang nicht mehr so hell schien. In dieser Zeit sollte in unserem Leben viel passieren, einschließlich der Geburt von zwei weiteren Kindern. Doch zu der Zeit dachte ich nur daran, wie schön und hell der König der Planeten dort schien und von oben über uns wachte.«

Als sie die Eingangshalle des Krankenhauses betrat, kam ihr ein magischer Gedanke. Die Mädchen blieben in der Regel bis zwei Wochen nach der Geburt ihrer Babys im Crittenden-Heim. Dann gingen sie nach Hause und nahmen ihr Leben dort wieder auf, wo sie es verlassen hatten. Wenn sie wirklich in dieser Nacht entband, konnten sie und ich Weihnachten zu Hause sein – vorausgesetzt, man würde sie wirklich nach zwei Wochen entlassen. Was für ein perfektes Wunder das doch wäre: mich am Weihnachtstag nach Hause zu bringen.

»Dr. Crawford kam gerade von einer anderen Entbindung und sah schrecklich müde aus«, erzählte Ann. Er legte ihr zur Linderung ihrer Schmerzen ein mit Äther getränktes Stück Verbandmull übers Gesicht, sodass sie nur halb bei Bewusstsein war, als sie schließlich um 2.42 Uhr mit einem letzten großen Stoß ihr erstes Kind zur Welt brachte.

Ann erzählte mir, dass sie mich so gern im Arm gehalten und liebkost hätte und dass sie nie vergessen werde, wie sie mich weinen hörte, bis ihre Müdigkeit und das Anästhetikum schließlich die Oberhand bekamen.

In Laufe der nächsten vier Stunden gingen zuerst Mars, dann Saturn, dann Merkur und schließlich die strahlende Venus am östlichen Himmel auf und hießen mich auf dieser Welt willkommen. Unterdessen schlief Ann tiefer, als sie in den ganzen Monaten zuvor geschlafen hatte. Die Schwester weckte sie vor Sonnenaufgang.

»Hier habe ich jemanden, der dich gern kennenlernen würde«, sagte sie fröhlich und präsentierte mich, eingewickelt in eine himmelblaue Decke, damit sie mich bewundern konnte.

»Die Schwestern waren sich alle einig, dass du das hübscheste Baby auf der ganzen Säuglingsstation warst. Ich wäre vor Stolz fast geplatzt.«

So gern mich Ann auch behalten hätte – allmählich wurde ihr die kalte Realität bewusst, dass ihr dies nicht möglich war. Richard träumte davon, aufs College zu gehen, aber von Träumen allein konnten mich die beiden nicht ernähren. Vielleicht spürte ich Anns Schmerz, denn ich hörte auf zu saugen. Mit elf Tagen wurde ich mit der Diagnose »Gedeihstörung« ins Krankenhaus von Charlotte verlegt und verbrachte mein erstes Weihnachtsfest und die folgenden neun Tage dort.

Nachdem ich ins Krankenhaus eingeliefert worden war, trat Ann die zweistündige Busfahrt nach Norden an: in ihre kleine Heimatstadt. Sie verbrachte dieses Weihnachtsfest mit ihren Eltern, Schwestern und Freunden, die sie seit drei Monaten nicht gesehen hatte. Alles ohne mich.

Als ich wieder Nahrung zu mir nahm, war mein eigenständiges Leben bereits in Gang gekommen. Ann merkte, dass ihr die Dinge allmählich entglitten und dass man ihr nicht erlauben würde, mich zu behalten. Als sie gleich nach Neujahr im Krankenhaus anrief, teilte man ihr mit, ich sei zur Children's Home Society nach Greensboro gebracht worden.

»Von einer Ehrenamtlichen hingebracht? Wie unfair!«, sagte sie.

Ich verbrachte die nächsten drei Monate in einem Babyschlafsaal mit mehreren anderen Säuglingen, deren Mütter sie nicht behalten konnten. Meine Wiege stand im zweiten Stock eines blaugrauen viktorianischen Hauses, das jemand der Gesellschaft gespendet hatte. »Dein erstes Zuhause war ein sehr angenehmer Ort«, sagte Ann mit einem Lächeln, »auch wenn es vor allem ein Babyschlafsaal war.« Ann nahm die dreistündige Busfahrt in den folgenden Monaten ein halbes Dutzend Mal auf sich, um mich zu besuchen, und versuchte verzweifelt, einen Plan zu entwickeln, der es ihr ermöglichen würde, mich zu behalten. Einmal kam sie mit ihrer Mutter, ein anderes Mal mit Richard. (Ihm erlaubten die Schwestern lediglich, durchs Fenster einen Blick auf mich zu werfen. Sie ließen ihn nicht mit mir in einen Raum und erlaubten ihm auch nicht, mich auf den Arm zu nehmen.)

Ende März 1954 war klar, dass die Dinge nicht so liefen, wie sie es sich vorgestellt hatte. Sie würde mich aufgeben müssen. Ein letztes Mal nahmen sie und ihre Mutter den Bus nach Greensboro.

»Ich musste dich auf dem Arm halten, dir in die Augen schauen und versuchen, dir alles zu erklären«, erzählte Ann. »Ich wusste, du würdest nur glucksen und gurren, ein bisschen spucken und liebenswerte Geräusche machen, egal, was ich auch sagte, aber ich hatte das Gefühl, dir eine Erklärung zu schulden. Ich hielt dich ein letztes Mal ganz fest, küsste deine Ohren, deine Brust und dein Gesicht und liebkoste dich ganz sacht. Ich weiß noch wie gestern, dass ich ganz tief eingeatmet habe, weil ich diesen wunderbaren Geruch nach frisch gebadetem Baby so liebte.

»Ich sprach dich mit deinem Geburtsnamen an und sagte: ›Ich liebe dich so sehr, dass du es dir gar nicht vorstellen kannst. Und ich werde dich immer lieben, bis ich sterbe.‹

Ich sagte: ›Lieber Gott, lass ihn wissen, wie sehr er geliebt wird. Dass ich ihn liebe und immer lieben werde.‹ Aber ich konnte ja nicht wissen, ob mein Gebet erhört werden würde. Adoptionsverfahren waren in den 1950er-Jahren endgültig und absolut geheim. Es gab keinen Blick zurück, keine Erklärungen. Manchmal wurden sogar die Geburtsdaten in den offiziellen Urkunden verändert, um jedwede Versuche, die Wahrheit über die Herkunft eines Babys herauszufinden, von vornherein zu vereiteln. Nur keine Spuren hinterlassen. Adoptionsverfahren waren durch strenge Gesetze geschützt. Die Regel lautete, zu vergessen, dass die Adoption jemals stattgefunden hatte, und sich einfach dem Rest seines Lebens zuzuwenden. Und hoffentlich daraus zu lernen.

Ich küsste dich ein letztes Mal und legte dich sachte zurück in deine Wiege. Ich wickelte dich in deine kleine blaue Decke, schaute ein letztes Mal in deine blauen Augen, hauchte einen Kuss auf meinen Finger und berührte damit deine Stirn.

›Auf Wiedersehen, Richard Michael. Ich liebe dich‹, waren meine letzten Worte an dich, zumindest für ein halbes Jahrhundert oder so.«

Ann erzählte mir auch, dass sie sich, nachdem sie Richard geheiratet und ihre anderen Kinder bekommen hatte, mehr und mehr damit beschäftigte herauszufinden, was wohl aus mir geworden war. Richard war nicht nur Marineflieger und Pilot von Passagierflugzeugen, sondern auch Rechtsanwalt, und Ann hatte herausbekommen, dass ihm dies die Erlaubnis gab, meine adoptierte Identität zu enthüllen. Aber Richard war Ehrenmann genug, um die im Jahr 1954 getroffene Adoptionsvereinbarung nicht zurückzunehmen, und hielt sich aus der Sache heraus. In den frühen 1970er-Jahren, als der Krieg in Vietnam noch in vollem Gange war, ging Ann mein Geburtsdatum nicht aus dem Kopf. Ich würde im Dezember 1972 neunzehn Jahre alt werden. Würde ich nach Vietnam gehen? Und wenn ja, was würde dort aus mir werden?

Ursprünglich hatte ich mich als Flieger bei der Marine verpflichten wollen. Ich war nämlich kurzsichtig, und die Luftwaffe verlangte eine normale Sehschärfe ohne Korrektur. Es ging das Gerücht, dass die Marine selbst diejenigen von uns mit geringerer Sehschärfe nehmen und zu Fliegern ausbilden würde. Doch dann wurde die Rekrutierung von Soldaten für den Vietnamkrieg zurückgefahren, und ich verpflichtete mich überhaupt nicht mehr, sondern ging stattdessen auf die Medizinische Hochschule. Doch von all dem wusste Ann nichts. Im Frühjahr 1973 schauten sie zu, wie die überlebenden Kriegsgefangenen aus dem »Hanoi Hilton« die Flugzeuge verließen, die sie aus Nordvietnam nach Hause gebracht hatten. Es brach ihnen das Herz, dass so viele Piloten, die sie kannten – mehr als die Hälfte von Richards Marineeinheit – nicht aus den Flugzeugen stiegen, und Ann überlegte, dass auch ich unter den Gefallenen sein könnte.

Und nachdem es einmal in ihrem Kopf war, wollte dieses Bild einfach nicht mehr verblassen, und sie war jahrelang überzeugt, dass ich einen schrecklichen Tod in den Reisfeldern von Vietnam gestorben war. Sie wäre bestimmt erstaunt gewesen, wenn sie gewusst hätte, dass ich zu der Zeit nur wenige Kilometer von ihr entfernt war – in Chapel Hill!

Im Sommer 2008 traf ich meinen leiblichen Vater, seinen Bruder Bob und seinen Schwager, der ebenfalls Bob heißt, in Litchfield Beach, South Carolina. Bruder Bob war im Koreakrieg als Marineheld ausgezeichnet worden und hatte später als Testpilot in China Lake gearbeitet (dem Waffen-Testzentrum der Marine in der kalifornischen Wüste). Dort perfektionierte er das Sidewinder-Raketensystem und flog F-104-Starfighter. Derweil stellte Richards Schwager Bob während der Operation Sun Run im Jahr 1957 einen Geschwindigkeitsrekord auf, indem er im Rahmen eines Staffelrekords von F-101-Voodoo-Düsenjägern, die »die Sonne überholten«, die Erde mit einer Durchschnittsgeschwindigkeit von mehr als 1600 Kilometern pro Stunde umrundete.

Diese Treffen mit meinen leiblichen Verwandten waren das Ende dessen, was ich inzwischen als meine Jahre des Nichtwissens bezeichne. Jahre, die, wie ich schließlich erfuhr, für meine leiblichen Eltern genauso schmerzlich gewesen waren wie für mich.

Es gab nur eine Wunde, die nicht heilen würde: der Verlust meiner leiblichen Schwester Betsy vor damals zehn Jahren, nämlich im Jahr 1998. (Ja, sie trug denselben Namen wie eine meiner Adoptivschwestern, und beide haben einen Mann namens Rob geheiratet, aber das ist eine andere Geschichte.) Sie hatte ein großes Herz, wie mir alle versicherten, und wenn sie nicht in der Beratungsstelle für Vergewaltigungsopfer anzutreffen war, wo sie die meiste Zeit arbeitete, kümmerte sie sich um eine ganze Menagerie streunender Hunde und Katzen. »Ein richtiger Engel«, sagte Ann über sie. Kathy versprach, mir ein Bild von ihr zu schicken.

Betsy hatte mit Alkohol zu kämpfen gehabt, genau wie ich, und die Nachricht von ihrem Tod, der von diesen Kämpfen mit verursacht worden war, ließ mich wieder einmal erkennen, was für ein Glück ich gehabt hatte, dass es mir gelungen war, mein eigenes Problem zu lösen. Ich sehnte mich danach, Betsy zu treffen, sie zu trösten, ihr zu sagen, dass Wunden heilen können und dass am Ende alles gut wird.

Diese Treffen mit meiner leiblichen Familie gaben mir seltsamerweise zum ersten Mal in meinem Leben das Gefühl, dass tatsächlich irgendwie alles in Ordnung war. Familie ist wichtig, und ich hatte meine zurück, den größten Teil davon jedenfalls. Dies war meine erste echte Belehrung darüber, wie tiefgreifend die Kenntnis des eigenen Ursprungs das Leben eines Menschen auf unerwartete Weise heilen kann.

Zu wissen, woher ich kam, meinen biologischen Ursprung zu kennen, erlaubte mir, auf überraschende Weise Dinge an mir selbst zu sehen und zu akzeptieren. Dadurch, dass ich meine leiblichen Eltern und Geschwister kennenlernte, konnte ich endlich den quälenden Verdacht über Bord werfen, den ich die ganze Zeit mit mir herumgetragen hatte, ohne dass es mir wirklich bewusst gewesen wäre: den Verdacht, dass man mich dort, wo ich – biologisch gesehen – hergekommen war, nicht geliebt und nicht geschätzt hatte. Unbewusst hatte ich geglaubt, ich *verdiene es nicht,* geliebt zu werden oder überhaupt zu existieren. Herauszufinden, dass ich von Anfang an geliebt worden war, heilte mich so umfassend, wie man es sich nur vorstellen kann. Ich fühlte eine Ganzheit wie nie zuvor.

Das war jedoch nicht die einzige Entdeckung, die ich auf diesem Gebiet machen sollte. Die andere Frage, von der ich dachte, sie sei an jenem Tag, als ich mit Eben IV. im Auto saß, beantwortet worden – die Frage, ob es da draußen wirklich einen liebenden Gott gibt –, stand immer noch im Raum, und die Antwort, die mein Verstand darauf gab, lautete immer noch Nein.

Erst als ich sieben Tage im Koma lag, stellte ich diese Frage erneut. Und ich fand darauf ebenfalls eine vollkommen unerwartete Antwort ...

12

Die Botschaft des Zentrums

Etwas zog an mir. Nicht so, als würde mich jemand am Arm fassen, sondern irgendwie subtiler, weniger körperlich. Es war ein bisschen, wie wenn die Sonne hinter einer Wolke verschwindet und man spürt, dass sich als Reaktion darauf die eigene Stimmung verändert.

Ich ging wieder zurück, weg vom Zentrum. Seine tiefschwarz strahlende Dunkelheit trat gegenüber der überwältigend grünen Landschaft des Übergangsbereichs in den Hintergrund. Als ich nach unten schaute, sah ich die Dorfbewohner, die Bäume und die glitzernden Ströme und Wasserfälle wieder, aber auch die lichthellen Engelwesen über mir.

Meine Begleiterin war ebenfalls da. Sie war natürlich die ganze Zeit dagewesen, während meiner gesamten Reise zum Zentrum – in Form dieser sternengleichen Lichtkugel. Aber nun hatte sie ihre menschliche Form wieder. Sie trug dasselbe schöne Kleid wie zuvor, und sie wiederzusehen erzeugte in mir ein Gefühl wie bei einem Kind, das sich in einer riesigen, fremden Stadt verlaufen hat und plötzlich ein vertrautes Gesicht sieht. Was für ein Geschenk sie war! »Wir werden dir hier viele Dinge zeigen, doch am Ende wirst du zurückkehren.« Diese Botschaft, die mir am Eingang zur pfadlosen Dunkelheit des Zentrums ohne Worte vermittelt worden war, tauchte nun erneut in mir auf. Jetzt verstand ich auch, was »zurück« bedeutete, wohin ich zurückkehrte: in das Reich der Regenwurmperspektive, wo diese Odyssee begonnen hatte.

Aber diesmal war es anders. Als ich mit dem Wissen um das, was über ihr lag, in die Dunkelheit zurückkehrte, empfand ich nicht mehr die Beklemmung, die ich empfunden hatte, als ich zum ersten Mal dort war. Als die herrliche Musik aus dem Übergangsbereich verklang und das pulsierende Pochen des unteren Bereichs wieder einsetzte, hörte und sah ich diese Dinge, wie ein Erwachsener einen Ort sieht, vor dem er sich früher gefürchtet hat, aber jetzt nicht mehr. Die Düsternis und die Dunkelheit, die Gesichter, die auftauchten und wieder verblassten, die aderähnlichen Wurzeln, die von oben kamen, schreckten mich nicht mehr, weil ich verstand – auf die wortlose Weise, in der ich jetzt alles verstand –, dass ich nicht mehr ein Teil dieses Ortes war, sondern ihm nur einen Besuch abstattete.

Aber warum besuchte ich ihn noch einmal?

Die Antwort kam auf dieselbe unmittelbare, nonverbale Art zu mir wie die Antworten in der strahlenden Welt dort oben. Dieses ganze Abenteuer, so dämmerte mir, war eine Art Reise – eine Art Besichtigungstour durch die unsichtbare, spirituelle Seite der Existenz. Und wie alle guten Besichtigungstouren schloss sie sämtliche Stockwerke und Ebenen ein.

Sobald ich zurück in diesem unteren Bereich war, war ich auch wieder den Launen der Zeit in diesen Welten jenseits dessen, was ich von der Erde her kannte, ausgesetzt. In einem Traum werden »vorher« und »nachher« zu verzwickten Bezeichnungen. Man kann in einem Teil eines Traumes sein und wissen, was als Nächstes kommt, obwohl man es noch nicht erlebt hat. Meine »Zeit« auf der anderen Seite hatte etwas davon, wobei ich betonen sollte, dass das, was ich erlebte, nichts von der finsteren Verwirrung unserer erdgebundenen Träume hatte, außer in den ganz frühen Phasen, als ich noch in der Unterwelt war.

Wie lange war ich dort in dieser Zeit? Auch davon habe ich keine wirkliche Vorstellung – keine Möglichkeit, es einzuschätzen. Ich weiß aber sehr wohl, dass es nach meiner Rückkehr in die unteren Bereiche eine Weile dauerte, bis ich herausfand, dass ich eine gewisse Kontrolle über meinen Kurs hatte und nicht länger in dieser unteren Welt gefangen war. Wenn ich mich mit aller Konzentration anstrengte, würde ich wieder zu den höheren Ebenen aufsteigen können. An einem gewissen Punkt in den düsteren Tiefen wünschte ich mir, die kreisende Melodie würde zurückkehren. Nachdem ich zunächst ein wenig kämpfen musste, um mich an die Töne zu erinnern, blühte die herrliche Musik wieder in meinem Bewusstsein auf und mit ihr die kreisende Lichtkugel, der sie entströmte. Wieder bahnten sie sich ihren Weg durch die geleeartige Brühe, und ich fing an aufzusteigen.

Ich fand allmählich heraus, dass man in den höheren Welten nur in der Lage sein musste, etwas zu kennen und daran zu denken, um sich dorthin zu bewegen. Wenn ich an die kreisende Melodie dachte, erklang sie, und wenn ich mich nach den höheren Welten sehnte, gelangte ich dorthin. Je vertrauter mir die höhere Welt wurde, desto leichter fiel es mir, dorthin zurückzukehren. In der Zeit, in der ich mich außerhalb meines Körpers befand, gelang es mir beliebig oft, mich aus der schlammigen Dunkelheit des Reiches der Regenwurmperspektive zur grünen Herrlichkeit des Übergangsbereichs und in die schwarze, aber heilige Dunkelheit des Zentrums zu bewegen und wieder zurück. Wie oft, kann ich nicht genau sagen – wieder, weil sich die Zeit, wie sie dort war, nicht in unser Verständnis von Zeit hier auf der Erde übertragen lässt. Aber jedes Mal, wenn ich das Zentrum erreichte, tauchte ich noch tiefer ein als zuvor und erfuhr noch mehr auf diese jeder verbalen Kommunikation überlegene Weise, in der in den Welten über der unseren alle Dinge vermittelt werden.

Das heißt nicht, dass ich so etwas wie das gesamte Universum gesehen habe, weder auf meiner ursprünglichen Reise aus der Regenwurmperspektive nach oben zum Zentrum noch auf den darauf folgenden Reisen. In der Tat bestand eine der Wahrheiten, die mir jedes Mal, wenn ich zum Zentrum zurückkehrte, verdeutlicht wurde, in der Unmöglichkeit, alles, was existiert, zu verstehen – weder seine körperliche/sichtbare Seite noch seine (viel, viel größere) spirituelle/unsichtbare Seite, ganz zu schweigen von den zahllosen anderen Universen, die existieren oder je existiert haben.

Aber nichts davon spielte eine Rolle, weil ich eine Sache – die einzige Sache, auf die es in letzter Konsequenz wirklich ankommt – bereits begriffen hatte. Ich hatte dieses Stück Wissen gleich anfangs bei meinem ersten Eintreten in den Übergangsbereich von meiner wunderbaren Begleiterin auf dem Schmetterlingsflügel bekommen. Es kam in drei Teilen, die sich, wie bereits gesagt, in Worte übersetzt etwa so anhören würden:

Du wirst geliebt und geschätzt.

Du hast nichts zu befürchten.

Du kannst nichts falsch machen.

Wenn ich die gesamte Botschaft in einem Satz zusammenfassen müsste, würde er lauten:

Du wirst geliebt.

Und wenn ich ihn auf ein einziges Wort reduzieren müsste, hieße es einfach:

Liebe.

Liebe ist ohne Zweifel die Basis von allem. Keine abstrakte, schwer zu ergründende Art von Liebe, sondern die ganz alltägliche, die jeder kennt: die Liebe, die wir spüren, wenn wir unseren Partner/unsere Partnerin und unsere Kinder oder auch unsere Haustiere anschauen. In ihrer reinsten und mächtigsten Form ist diese Liebe nicht eifersüchtig oder egoistisch, sondern *bedingungslos*. Sie ist die Realität der Realitäten, die unbegreiflich herrliche Wahrheit der Wahrheiten, die im Kern von allem, was existiert oder je existieren wird, lebt und atmet. Und niemand, der sie nicht kennt, kann ein auch nur annähernd exaktes Verständnis davon erlangen, wer und was wir sind, und dies in entsprechende Taten umsetzen.

Keine sonderlich wissenschaftliche Einsicht? Nun, hier bitte ich zu unterscheiden. Ich war an diesem Ort, ich bin von dort zurückgekehrt, und nichts könnte mich davon überzeugen, dass dies nicht nur die wichtigste emotionale Wahrheit im Universum ist, sondern auch die wichtigste *wissenschaftliche* Wahrheit.

Ich spreche nun schon seit einigen Jahren über meine Erfahrung und treffe auch andere Menschen, die sich mit Nahtoderlebnissen beschäftigen oder selbst eines hatten. Ich weiß, dass der Begriff *bedingungslose Liebe* in diesen Kreisen sehr verbreitet ist. Aber wie viele von uns sind in der Lage zu begreifen, was er wirklich bedeutet?

Ich weiß natürlich, warum dieser Begriff so oft auftaucht. Es liegt daran, dass zahlreiche andere Menschen genau das Gleiche gesehen und erlebt haben wie ich. Aber wenn diese Menschen auf die irdische Ebene zurückkommen, geht es ihnen wie mir: Ihnen fehlen die passenden Worte, um ihre Erfahrungen und Einsichten zu vermitteln, die jenseits der Macht der Worte liegen. Es ist, als versuche man mit der Hälfte des Alphabets einen Roman zu schreiben.

Die wichtigste Hürde, welche die meisten Menschen, die ein Nahtoderlebnis hatten, überwinden müssen, besteht nicht darin, sich wieder an die Einschränkungen der irdischen Welt zu gewöhnen – obwohl das sicher eine Herausforderung sein kann –, sondern darin, dass sie Probleme haben zu vermitteln, wie sich die Liebe, die sie dort draußen erfahren haben, anfühlt.

Tief in unserem Inneren wissen wir es bereits. Genau wie Dorothy in *Der Zauberer von Oz* stets die Fähigkeit hat, nach Hause zurückzukehren, sind auch wir in der Lage, unsere Verbindung zu jenem idyllischen Bereich wiederherzustellen. Wir haben vergessen, dass wir das können, weil der auf unserem Gehirn basierende physische Teil unserer Existenz jenen größeren kosmischen Hintergrund ausblendet oder verschleiert, genau wie das Licht der Sonne jeden Morgen den weiteren Blick auf die Sterne verhindert. Stellen Sie sich einmal vor, wie eingeschränkt unsere Sicht des Universums wäre, wenn wir nie den sternenübersäten Nachthimmel sehen könnten.

Wir können nur sehen, was der Filter unseres Gehirns durchlässt. Das Gehirn – besonders seine linke, sprachlich-logische Seite, die unsere Rationalität und unser Gefühl, ein klar definiertes Ich oder Selbst zu haben, hervorbringt – ist eine Barriere für unser höheres Wissen und unsere höheren Erfahrungen.

Ich bin davon überzeugt, dass wir gegenwärtig in einer für unsere Existenz entscheidenden Zeit leben. Wir müssen mehr von jenem größeren Wissen wiedererlangen, *während wir hier auf der Erde leben,* also während unsere Gehirne (einschließlich ihrer linken, analytischen Hälften) voll funktionsfähig sind. Die Wissenschaft – die Wissenschaft, der ich so viel von meinem Leben gewidmet habe – bestreitet das, was ich dort oben gelernt habe, nicht. Doch viel zu viele Menschen tun das, weil gewisse Mitglieder der wissenschaftlichen Gemeinde, die sich einer materialistischen Weltsicht verschrieben haben, immer und immer wieder darauf bestanden haben, dass Wissenschaft und Spiritualität nicht koexistieren können.

Sie irren sich. Um diese uralte, grundlegende Tatsache einem größeren Publikum bekannt zu machen, habe ich dieses Buch geschrieben. Die Schilderung aller anderen Aspekte meiner Geschichte – der rätselhafte Beginn meiner Krankheit; wie ich es schaffte, in der Woche, in der ich im Koma lag, in dieser anderen Dimension bewusst zu bleiben; und wie ich mich wieder vollständig erholte – ist absolut zweitrangig.

Die bedingungslose Liebe und Akzeptanz, die ich auf meiner Reise erlebte, ist die wichtigste Entdeckung, die ich je gemacht habe oder machen werde. Und während ich weiß, dass es schwer werden wird, die anderen Lektionen zu verarbeiten, die ich dort gelernt habe, weiß ich tief in meinem Herzen auch, dass meine wichtigste Aufgabe darin besteht, diese ganz einfache Botschaft – so einfach, dass die meisten Kinder sie bereitwillig akzeptieren werden – anderen mitzuteilen.

13

Mittwoch

Zwei Tage lang war »Mittwoch« die Standardantwort – der Tag, den meine Ärzte stets im Munde führten, wenn es um meine Überlebenschancen ging. Etwa in Sätzen wie: »Wir hoffen, dass wir bis Mittwoch eine gewisse Besserung feststellen können.« Und jetzt war Mittwoch, aber mein Zustand hatte sich kein bisschen verändert.

»Wann kann ich Papa sehen?«

Diese Frage – die natürlichste Frage der Welt für einen Zehnjährigen, dessen Vater im Krankenhaus liegt – war mit schöner Regelmäßigkeit von Bond gestellt worden, seit ich am Montag ins Koma gefallen war. Holley hatte sie zwei Tage lang erfolgreich abgewehrt, aber am Mittwochmorgen beschloss sie, dass es Zeit sei, das Thema anzusprechen.

Als Holley Bond am Montagabend mitgeteilt hatte, ich sei noch nicht wieder aus dem Krankenhaus zurück, weil ich »krank« sei, hatte er sich unter diesem Wort das vorgestellt, was es bis zu diesem Zeitpunkt in seinen zehn Lebensjahren immer für ihn bedeutet hatte: Husten, Halsschmerzen und vielleicht Kopfschmerzen. Zugegeben, seine Auffassung davon, wie weh Kopfschmerzen wirklich tun können, war durch das, was er am Montagmorgen erlebt hatte, zwar stark erweitert worden, doch als Holley schließlich an diesem Mittwoch nachmittags mit ihm ins Krankenhaus kam, hoffte er immer noch, etwas ganz anderes anzutreffen als das, was da in meinem Krankenhausbett lag.

Bond sah einen Körper, der schon jetzt nur noch entfernt Ähnlichkeit mit dem hatte, was er als seinen Vater kannte. Wenn jemand schläft, kann man ihn sich anschauen und sagen, dass es sich hier immer noch um eine Person handelt, die ihren Körper bewohnt. Um eine Präsenz. Aber die meisten Ärzte werden Ihnen bestätigen, dass es anders ist, wenn jemand im Koma liegt (auch wenn sie Ihnen nicht genau sagen können, warum). Der Körper ist da, aber man hat den eigenartigen, fast physischen Eindruck, dass die Person fehlt und dass ihr Wesen unerklärlicherweise irgendwo anders ist.

Eben IV. und Bond waren einander immer sehr nahe gewesen, seit Eben damals in den Kreissaal gerannt war, um seinen nur wenige Minuten alten, also brandneuen Bruder zu umarmen. Als Eben an diesem dritten Tag meines Komas Bond im Krankenhaus traf, tat er alles, was er konnte, um die Situation für seinen jüngeren Bruder so positiv wie möglich darzustellen, und entwarf ein Kriegsszenario, von dem er dachte, Bond würde es verstehen.

»Komm, wir malen ein Bild davon, was hier los ist, damit Papa es sich anschauen kann, wenn es ihm wieder besser geht«, sagte er zu Bond.

Sie breiteten auf einem Tisch im Speisesaal des Krankenhauses ein großes orangefarbenes Blatt aus und malten ein Bild von den Vorgängen in meinem komatösen Körper. Sie zeichneten meine weißen Blutkörperchen, wie sie mit Umhängen bekleidet und mit Schwertern bewaffnet zur Verteidigung des belagerten Territoriums in meinem Gehirn anrückten. Die eindringenden *E.-coli*-Bakterien zeichneten sie mit eigenen Schwertern und etwas anderen Uniformen. Sie kämpften Mann gegen Mann, und die Leichen der Gefallenen auf beiden Seiten lagen überall herum.

Diese Darstellung gab die Lage der Dinge durchaus korrekt wieder. Das einzig Ungenaue daran war, wenn man die Vereinfachung der sehr viel komplexeren Vorgänge im Innern meines Körpers mitberücksichtigt, die Art, wie dieser Krieg geführt wurde. Auf der Zeichnung von Eben und Bond tobte ein erbitterter Kampf mit ungewissem Ausgang, in dem beide Seiten alles gaben und die weißen Blutkörperchen am Ende natürlich dann doch gewinnen würden. Aber während er mit Bond am Tisch saß, auf dem lauter farbige Textmarker ausgebreitet waren, und ihm eine kindliche Version der Ereignisse zu vermitteln versuchte, wusste Eben, dass dieser Krieg in Wirklichkeit nicht mehr mit aller Kraft ausgetragen wurde und dass sein Ausgang auch nicht so ungewiss war.

Und er wusste, welche Seite gewinnen würde.

14

Eine besondere Art
von Nahtoderlebnis

Der wahre Wert eines Menschen ist in erster Linie dadurch bestimmt, in welchem Grad und in welchem Sinn er zur Befreiung vom Ich gelangt ist.

Albert Einstein

Als ich mich zum ersten Mal im Reich der Regenwurmperspektive aufhielt, hatte ich kein echtes Bewusstseinszentrum. Ich wusste nicht, wer oder was ich war, und noch nicht einmal, *ob* ich war. Ich war einfach … *dort,* ein einzelnes Bewusstsein mitten in einem trüben, dunklen, schlammigen Nichts, das keinen Anfang und anscheinend auch kein Ende hatte.

Jetzt jedoch wusste ich Bescheid. Ich hatte verstanden, dass ich ein Teil des Göttlichen war und dass nichts – absolut gar nichts – mir das jemals wegnehmen konnte. Die (falsche) Vermutung, wir könnten irgendwie von Gott getrennt sein, ist die Wurzel jeder Form von Angst im Universum, und das Heilmittel gegen diese Angst – das ich teilweise im Übergangsbereich und vollständig im Innern des Zentrums erhielt – war die Gewissheit, dass uns nichts jemals von Gott wegreißen kann. Dieses Wissen – und es ist und bleibt das Wichtigste, was ich je gelernt habe – nahm dem Reich der Regenwurmperspektive seinen Schrecken und erlaubte mir, es als das zu sehen, was es in Wirklichkeit war: ein nicht sonderlich angenehmer, aber zweifellos notwendiger Teil des Kosmos.

Viele Menschen haben die Welten bereist, die ich bereist habe, aber merkwürdigerweise erinnerten sich die meisten an ihre irdische Identität, während sie so weit von ihrer irdischen Form entfernt waren. Sie wussten, dass sie John Smith oder George Johnson oder Sarah Brown waren. Sie verloren nie die Tatsache aus den Augen, dass sie auf der Erde lebten. Ihnen war bewusst, dass ihre lebenden Verwandten immer noch da waren, dass sie warteten und hofften, sie würden zurückkommen. In vielen Fällen trafen sie auch Freunde und Verwandte, die bereits gestorben waren, und dann erkannten sie auch diese Menschen sofort. Viele, die ein Nahtoderlebnis hatten, berichten auch von Rückschauen auf ihr Leben, in denen ihnen ihre Interaktionen mit verschiedenen Menschen sowie die guten oder schlechten Taten gezeigt wurden, die sie im Laufe ihres Lebens begangen hatten.

Ich habe nichts dergleichen erlebt, und alles in allem ist dies das Ungewöhnlichste an meinem Nahtoderlebnis. Ich war während des gesamten Erlebnisses vollkommen frei von meiner körperlichen Identität. Das heißt, dass jedes klassische Nahtodereignis, das eine Erinnerung daran, wer ich auf der Erde war, beinhaltet hätte, völlig fehlte.

Wenn ich sage, dass ich an jenem entscheidenden Punkt des Geschehens immer noch keine Vorstellung davon hatte, wer ich war oder woher ich kam, klingt das ein bisschen verwirrend, das weiß ich. Wie konnte ich denn all diese erstaunlich komplexen und schönen Dinge lernen, das Mädchen neben mir, die blühenden Bäume, die Wasserfälle und die Dorfbewohner sehen und dennoch nicht wissen, dass ich ich war: Eben Alexander? Wer erlebte das alles? Wie konnte ich all das verstehen und dennoch nicht erkennen, dass ich auf der Erde ein Arzt, Ehemann und Vater war? Dass ich, als ich den Übergang betrat, ein Mensch war, der Bäume und Flüsse und Wolken nicht zum ersten Mal sah, sondern als Kind an dem sehr konkreten und irdischen Ort Winston-Salem, North Carolina, aufgewachsen war und dort mehr als genug davon gesehen hatte?

Ich kann darauf nur sagen, dass ich mich etwa in der Lage von jemandem mit partieller, aber wohltuender Amnesie befand. Das heißt, von jemandem, der einige Schlüsselaspekte von sich selbst vergessen hat, aber von diesem Vergessen profitiert, und sei es nur für kurze Zeit.

Was hatte ich davon, dass ich mich nicht an mein irdisches Selbst erinnern konnte? Nun, das erlaubte mir, mich tief in die Reiche jenseits des weltlichen zu begeben, ohne mir Sorgen darum machen zu müssen, was ich dort zurückließ. Während der ganzen Zeit, die ich in jenen Welten verbrachte, war ich eine Seele, die nichts zu verlieren hatte. Es gab keine Orte, die ich hätte vermissen, und keine Menschen, um die ich hätte trauern können. Ich war von nirgendwo gekommen und hatte keine Geschichte, und so akzeptierte ich meine Umstände – selbst die ursprüngliche Dunkelheit und das Chaos im Reich der Regenwurmperspektive – uneingeschränkt und gelassen.

Und weil ich meine sterbliche Identität so vollkommen vergessen hatte, wurde mir Zugang zu dem wahren kosmischen Wesen gewährt, das ich in Wahrheit bin (und das *wir alle* sind). Wieder war meine Erfahrung in mancher Hinsicht mit einem Traum vergleichbar, in dem man sich an manche Dinge über sich selbst erinnert, während man andere vollkommen vergisst. Doch wieder ist dies nur ein teilweise brauchbarer Vergleich, denn, und das kann ich gar nicht oft genug betonen, der Übergang und das Zentrum waren nicht annähernd traumartig, sondern überaus real und alles andere als eine Illusion. Das Ganze klingt vielleicht, als sei die Abwesenheit meiner irdischen Erinnerungen während meiner Zeit im Reich der Regenwurmperspektive, im Übergangsbereich und im Zentrum auf irgendeine Weise beabsichtigt gewesen. Ich vermute mittlerweile, dass dies auch der Fall war. Auf die Gefahr hin, die Dinge zu stark zu vereinfachen, sage ich, dass mir erlaubt wurde, heftiger zu sterben und tiefer zu reisen als fast alle anderen, die vor mir ein Nahtoderlebnis hatten.

Das soll keineswegs arrogant klingen. Die umfangreiche Literatur über Nahtoderlebnisse hat mir entscheidend dabei geholfen, meine eigene Reise im Koma zu verstehen. Ich kann nicht behaupten, dass ich weiß, warum ich dieses Erlebnis hatte, aber jetzt (drei Jahre später) weiß ich aus dem Studium der Literatur über andere Nahtoderlebnisse, dass das Eindringen in die höheren Welten meist ein allmählicher Prozess ist, der das Loslassen der individuellen Anhaftung an die Ebene voraussetzt, auf der man sich befindet, bevor man höher oder tiefer steigt.

Das war für mich kein Problem, denn während meines gesamten Erlebnisses hatte ich keine irdischen Erinnerungen irgendwelcher Art, und nur, als ich zur Erde zurückkehren musste, wo meine Reise begonnen hatte, empfand ich Schmerz und Kummer.

15

Die Gabe des Vergessens

Wir müssen an den freien Willen glauben. Wir haben keine andere Wahl.

Isaac B. Singer (1902–1991)

Die Auffassung vom menschlichen Bewusstsein, die heute von den meisten Wissenschaftlern vertreten wird, besagt, dass es aus digitalen Informationen besteht – Daten, die im Prinzip den Computerdaten gleichen. Obwohl einige Datenbits – der Anblick eines spektakulären Sonnenuntergangs, das erstmalige Hören einer wunderschönen Symphonie, der Moment, in dem man sich verliebt – sich wichtiger oder spezieller anfühlen als die zahllosen anderen Informationsbits, die in unseren Gehirnen erzeugt und gespeichert werden, sei dies in Wirklichkeit nur eine Illusion. Tatsächlich seien alle Bits qualitativ gleich. Unsere Gehirne formen demnach ein Bild der äußeren Realität, indem sie die Informationen, die über unsere Sinne hereinkommen, zu einem reichhaltigen digitalen Wandteppich verarbeiten. Das, was wir wahrnehmen, ist also nur ein Modell, nicht die Realität selbst. Eine *Illusion.*

Das war natürlich auch die Ansicht, die ich vertrat. Ich erinnere mich, dass ich, als ich an der Medizinischen Hochschule war, gelegentlich hörte, Bewusstsein sei nicht mehr als ein sehr komplexes Computerprogramm. Demnach sind die etwa zehn Billionen Neuronen, die in unserem Gehirn permanent feuern, in der Lage, das Bewusstsein und die Erinnerungen eines ganzen Lebens hervorzubringen.

Um zu verstehen, wie das Gehirn unseren Zugang zum Wissen über die höheren Welten tatsächlich blockieren könnte, müssen wir – zumindest hypothetisch und für den Moment – akzeptieren, dass das Gehirn selbst kein Bewusstsein hervorbringt. Es ist vielmehr eine Art reduzierendes Ventil oder ein Filter, der das größere, nicht physische Bewusstsein, das wir in den nicht körperlichen Welten besitzen, für die Dauer unseres sterblichen Lebens in seiner Kapazität einschränkt. Genau wie unsere Gehirne in jedem Moment unseres wachbewussten Lebens hart arbeiten, um den Schwall an sensorischen Informationen, die aus unserer physischen Umgebung auf uns einströmen, zu filtern und nur das Material auszuwählen, das wir wirklich zum Überleben brauchen, erlaubt uns auch das Vergessen unserer transirdischen Identität, sehr viel effektiver »im Hier und Jetzt« zu sein. Genau wie das normale Leben in seiner Gesamtheit zu viele Informationen für uns bereithält, als dass wir sie alle in uns aufnehmen und zugleich irgendetwas bewerkstelligen könnten, würde eine zu umfassende Wahrnehmung der Welten jenseits des Hier und Jetzt unseren Fortschritt noch mehr verlangsamen.

Wenn wir jetzt schon zu viel über den spirituellen Bereich wüssten, wäre das Navigieren durch unser irdisches Leben eine noch größere Herausforderung, als es ohnehin ist. (Das heißt nicht, dass wir uns der jenseitigen Welten in der Gegenwart nicht bewusst sein sollten, sondern nur, dass uns ein übermäßiges Bewusstsein ihrer Erhabenheit und Unermesslichkeit am Handeln hindern kann, während wir noch auf dieser Erde sind.) Wenn man es mehr aus der Perspektive einer übergeordneten Absicht betrachtet (und mittlerweile glaube ich, dass das Universum nichts als absichtsvoll ist), könnte man sagen, dass das Treffen der richtigen Entscheidungen im Angesicht des Bösen und der Ungerechtigkeit auf der Welt von sehr viel geringerer Bedeutung wäre, wenn wir uns, während wir hier sind, an die ganze Schönheit und den Glanz dessen erinnern würden, was uns erwartet.

Warum bin ich mir da so sicher? Aus zwei Gründen: Erstens, weil es mir gezeigt wurde (von den Wesen, die mich belehrt haben, als ich mich im Übergangsbereich und im Zentrum aufhielt), und zweitens, weil ich es selbst erfahren habe. Während ich mich außerhalb meines Körpers befand, wurde mir Wissen über Natur und Struktur des Universums vermittelt, das mein Begriffsvermögen bei Weitem überstieg. Es kam trotzdem bei mir an, hauptsächlich wohl deshalb, weil ich, als mir meine weltlichen Beschäftigungen nicht mehr im Weg waren, genügend Raum dafür hatte. Nun, wo ich zurück auf der Erde und mir meiner körperlichen Identität wieder bewusst bin, ist die Saat dieses transirdischen Wissens erneut überlagert worden. Und doch ist sie immer noch da. Ich kann sie jeden Moment spüren. In dieser irdischen Umgebung wird sie Jahre brauchen, um Früchte zu tragen. Das heißt, dass ich mit meinem sterblichen, materiellen Gehirn Jahre brauchen werde, um das zu verstehen, was ich in den gehirnfreien Reichen der jenseitigen Welt sofort mühelos verstanden habe. Aber ich bin zuversichtlich, dass sich, wenn ich hart daran arbeite, auch weiterhin vieles von diesem Wissen entfalten wird.

Dass sich zwischen unserer gegenwärtigen wissenschaftlichen Auffassung vom Universum und der Wahrheit, wie ich sie gesehen habe, immer noch ein tiefer Abgrund auftut, ist eine ziemliche Untertreibung. Ich bin immer noch ein Freund der Physik und der Kosmologie, und ich liebe es nach wie vor, unser riesiges und wunderbares Universum zu erforschen. Nur dass ich jetzt eine sehr stark erweiterte Vorstellung davon habe, was die Begriffe »riesig« und »wunderbar« in diesem Zusammenhang wirklich bedeuten. Die physische Seite des Universums ist ein Staubkörnchen im Vergleich zu seinem unsichtbaren, spirituellen Teil. Früher hätte es mir meine Auffassung verboten, ein Wort wie *spirituell* in einem wissenschaftlichen Gespräch zu verwenden. Mittlerweile halte ich es für ein Wort, das wegzulassen wir uns gar nicht leisten können.

Als ich mich im Zentrum befand, schien mein Verstand klare Erklärungen für das zu haben, was wir als »dunkle Energie« und als »dunkle Materie« bezeichnen, ebenso wie für sehr viel weiter entwickelte Bestandteile unseres Universums, mit denen sich die Menschen noch ewig lange nicht beschäftigen werden. Das heißt allerdings nicht, dass ich sie Ihnen erklären könnte, was daran liegt, dass ich – paradoxerweise – immer noch selbst dabei bin, sie zu verstehen.

Am besten lässt sich dieser Teil meines Erlebnisses vielleicht so formulieren, dass ich einen Vorgeschmack auf eine andere, größere Art von Wissen bekam – in Form eines Wissens, zu dem, wie ich glaube, in Zukunft sehr viel mehr

Menschen Zugang haben werden. Dieses Wissen jetzt weiterzugeben fühlt sich jedoch etwa so an, als sei man ein Schimpanse, der einen einzigen Tag lang Mensch geworden ist, um alle Wunder menschlichen Wissens zu erfahren, und der dann zu seinen Schimpansenfreunden zurückkehrt und ihnen verständlich zu machen versucht, wie es war, mehrere romanische Sprachen zu sprechen, diverse Rechenarten zu beherrschen und über das enorme Ausmaß des Universums Bescheid zu wissen.

Dort oben entstand eine Frage in meinem Geist, und gleichzeitig tauchte die Antwort dazu auf, wie eine Blume, die gleich daneben erblüht. Es war fast so, als gäbe es so etwas wie eine Frage ohne eine dazugehörige Antwort gar nicht, genau wie kein physisches Teilchen im Universum wirklich von den anderen getrennt ist. Diese Antworten lauteten auch nicht einfach »ja« oder »nein«. Es waren riesige begriffliche Gebäude, atemberaubende Strukturen aus lebendigen Gedanken, so verwinkelt wie Städte. Konzepte, die so gewaltig waren, dass ich mehrere Leben gebraucht hätte, um mich darin zurechtzufinden, wenn ich auf irdisches Denken beschränkt gewesen wäre. Aber das war ich ja nicht. Ich hatte diese irdische Denkweise abgestreift wie ein Schmetterling, der aus dem Kokon schlüpft.

Ich sah die Erde als hellblauen Punkt in der unermesslichen Schwärze des physischen Raums. Ich konnte sehen, dass die Erde ein Ort war, wo sich Gut und Böse vermischten, und dass dies eines ihrer ganz besonderen Merkmale war. Selbst auf der Erde gibt es mehr Gutes als Böses, aber die Erde ist ein Ort, wo dem Bösen erlaubt wird, in einer Weise an Einfluss zu gewinnen, wie es auf den höheren

Ebenen der Existenz vollkommen unmöglich wäre. Dass das Böse gelegentlich die Oberhand gewinnen kann, war dem Schöpfer bekannt und von ihm gewollt, und zwar als notwendige Konsequenz des freien Willens, den er Wesen wie uns gegeben hat.

Über das ganze Universum wurden winzige Teilchen des Bösen verstreut, aber die Endsumme all dieses Bösen war nur ein Sandkörnchen in einem riesigen Strand im Vergleich zu der Güte, der Fülle, der Hoffnung und der bedingungslosen Liebe, von denen das Universum buchstäblich überflutet wurde. Der Stoff, aus dem diese andere Dimension besteht, ist Liebe und Akzeptanz, und was immer diese Eigenschaften nicht hat, wirkt dort augenblicklich und offensichtlich fehl am Platz.

Aber den freien Willen muss man mit einem Verlust oder Abfall von dieser Liebe und Akzeptanz bezahlen. Wir sind frei; aber wir sind freie Wesen, die in einem Umfeld gefangen sind, das sich verschworen hat, um uns das Gefühl zu geben, dass wir nicht frei sind. Der freie Wille ist von zentraler Bedeutung für unsere Funktion in der irdischen Welt – eine Funktion, die, wie wir alle eines Tages herausfinden, dem sehr viel wichtigeren Zweck dient, unseren Aufstieg in die zeitlose alternative Dimension zu ermöglichen. Unser Leben hier unten mag uns unbedeutend vorkommen, denn es ist winzig im Vergleich zu anderen Leben und anderen Welten in den sichtbaren und unsichtbaren Universen. Aber es ist auch außerordentlich wichtig, denn hier ist es unsere Aufgabe, dem Göttlichen entgegenzuwachsen. Und dieses Wachstum wird von Wesen aus höheren Welten genau beobachtet – von Seelen und durchsichtigen Lichtkugeln (von jenen Wesen, die ich ursprünglich weit über mir im Eingangsbereich gesehen habe und von denen ich glaube, dass sie der Ursprung für die Vorstellung sind, die sich unsere Kultur von Engeln macht).

Wir – die spirituellen Wesen, die gegenwärtig unsere im Laufe der Evolution entwickelten sterblichen Körper und Gehirne bewohnen, das Produkt und die Erfordernis der Erde – treffen die wirklichen Entscheidungen. Wahres Denken ist keine Sache des Gehirns. Aber wir sind – teilweise durch das Gehirn – so sehr darauf trainiert, unsere Gehirne mit dem in Verbindung zu bringen, was wir denken und wer wir sind, dass wir nicht mehr erkennen können, dass wir jederzeit sehr viel mehr sind als unsere physischen Körper und Gehirne, die unseren Anordnungen Folge leisten – oder dies zumindest tun sollten.

Wahres Denken ist vorkörperlich. Es ist das Denken hinter dem Denken, und es ist verantwortlich für alle wirklich folgenschweren Entscheidungen, die wir in der Welt treffen. Ein Denken, das nicht von linearen Schlussfolgerungen abhängig ist, sondern sich schnell wie der Blitz bewegt, wobei es auf verschiedenen Ebenen Verbindungen herstellt und sie miteinander vernetzt. Im Gegensatz zu dieser freien inneren Intelligenz ist unser gewöhnliches Denken hoffnungslos langsam und linkisch. Es ist diese andere Denkweise, mit der wir den Football in der Endzone erwischen und die uns geniale wissenschaftliche Einsichten beschert oder mit der wir einen inspirierten Song schreiben. Diese unterschwellige Denkweise steht uns immer dann zu Verfügung, wenn wir sie wirklich brauchen. Allzu oft sind wir jedoch weder in der Lage, Zugang zu ihr zu finden, noch, an sie zu glauben. Unnötig zu erwähnen, dass dieses Denken an jenem Abend beim Fallschirmspringen ins Spiel kam. In dem Moment, in dem sich Chucks Fallschirm plötzlich direkt unter mir öffnete.

Das Denken zu erleben, das sich außerhalb des Gehirns abspielt, bedeutet, in eine Welt der unmittelbaren Verbindungen einzutreten, die das gewöhnliche Denken (die Aspekte, die durch das physische Gehirn und die Geschwindigkeit des Lichts eingeschränkt werden) wie einen hoffnungslos schläfrigen und schleppenden Vorgang aussehen lassen. Unser wahrstes, tiefstes Selbst ist absolut frei. Es ist nicht durch frühere Handlungen gelähmt oder gefährdet und kümmert sich auch nicht um Identität oder Status. Es begreift, dass es die irdische Welt nicht fürchten muss und es daher nicht nötig hat, sich durch Ruhm, Reichtum oder Eroberung selbst aufzubauen.

Dies ist das wahre spirituelle Selbst, das wir alle eines Tages zurückgewinnen werden, wie es uns bestimmt ist. Doch bis dieser Tag kommt, sollten wir, wie ich glaube, alles in unserer Macht Stehende tun, um in Kontakt mit diesem wunderbaren Aspekt von uns zu kommen und ihn zu pflegen und ans Licht zu bringen. Dies ist das Wesen, das gerade jetzt in uns allen lebt, und es ist in der Tat genau das Wesen, das wir nach dem Willen Gottes wirklich sein sollen.

Wie können wir diesem wahren spirituellen Selbst näher kommen? Indem wir Liebe und Mitgefühl bekunden. Warum? Weil Liebe und Mitgefühl sehr viel mehr sind als die abstrakten Konzepte, für die viele von uns sie halten. Sie sind real. Sie sind konkret. Und sie bilden das eigentliche Gefüge des spirituellen Bereichs.

Um in den spirituellen Bereich zurückkehren zu können, müssen wir wieder wie die Bewohner jenes Bereichs werden, selbst wenn wir in diesem feststecken oder uns schwerfällig durch ihn hindurchbewegen.

Einer der größten Fehler, die Menschen machen, wenn sie über Gott nachdenken, ist, sich Gott als unpersönliches Wesen vorzustellen. Ja, Gott ist hinter den Zahlen, hinter der Perfektion des Universums, welche die Wissenschaft misst und zu verstehen versucht. Aber – und auch das ist ein Paradox – das Om ist auch »menschlich« – *menschlicher* sogar als Sie und ich. Das Om hat Verständnis für und Sympathie mit unserer menschlichen Situation, und zwar tiefgehender und persönlicher, als wir uns das überhaupt vorstellen können, denn das Om weiß, was wir vergessen haben, und versteht, was für eine schreckliche Bürde es ist, auch nur für einen Moment ohne jede Erinnerung an das Göttliche zu leben.

16

Der Brunnen

Holley lernte unsere Freundin Sylvia in den 1980er-Jahren kennen, als beide als Lehrerinnen an der Ravenscroft-Schule in Raleigh, North Carolina, arbeiteten. Damals war Holley auch eng mit Susan Reintjes befreundet. Susan ist ein intuitiver Mensch, doch diese Tatsache stand meinen Gefühlen ihr gegenüber nie im Wege. Sie war nach meinem Dafürhalten ein sehr besonderer Mensch, selbst wenn das, was sie tat, gelinde gesagt jenseits meiner linearlogisch-begrenzten neurochirurgischen Sichtweise lag. Sie arbeitete auch als Medium und hatte ein Buch mit dem Titel *Third Eye Open* geschrieben, von dem Holley ganz begeistert war.

Eine der spirituellen Heilaktivitäten, die Susan regelmäßig durchführte, bestand darin, Komapatienten bei ihrer Heilung zu helfen, indem sie mentalen Kontakt zu ihnen aufnahm. Am Donnerstag, meinem vierten Tag im Koma, hatte Sylvia die Idee, Susan versuchen zu lassen, Kontakt zu mir aufzunehmen.

Sylvia rief sie bei ihr zu Hause in Chapel Hill an und erklärte ihr, was mir passiert war. Ob es ihr möglich sei, sich auf mich »einzustimmen«? Susan sagte ja und wollte ein paar Details über meine Krankheit wissen. Sylvia gab ihr die wichtigsten Informationen: Ich liege seit vier Tagen im Koma und befinde mich in einem kritischen Zustand.

»Das ist alles, was ich wissen muss«, sagte Susan. »Ich werde heute Nacht versuchen, Kontakt zu ihm aufzunehmen.«

Susans Auffassung zufolge ist ein Komapatient eine Art Zwischenwesen. Diese Patienten, die sich weder ganz hier (im Reich des Irdischen) noch ganz dort (im Reich des Spirituellen) aufhalten, seien oft von einer einzigartig geheimnisvollen Aura umgeben. Das war, wie ich bereits erwähnte, ein Phänomen, das ich selbst viele Male beobachtet hatte, obwohl ich ihm natürlich nie eine derart übernatürliche Glaubwürdigkeit zugeschrieben hätte wie Susan.

Susans Erfahrung nach war eine der Eigenschaften, die Komapatienten von anderen unterschied, ihre besondere Empfänglichkeit für die telepathische Kommunikation. Sie war überzeugt, dass sie, sobald sie sich in einen meditativen Zustand versetzt hatte, Kontakt zu mir würde aufnehmen können.

»Mit einem Komapatienten zu kommunizieren«, erzählte sie mir später, »ist ein bisschen so, als würde man ein Seil in einen tiefen Brunnen werfen. Wie tief das Seil fallen muss, hängt von der Tiefe des komatösen Zustands ab. Als ich versuchte, zu dir Kontakt aufzunehmen, war ich als Erstes erstaunt darüber, wie weit das Seil nach unten fiel. Je tiefer es fiel, desto größer wurde meine Angst, du könntest zu weit weg sein, sodass ich dich vielleicht gar nicht mehr würde erreichen können, weil du nicht mehr zurückkamst.«

Nach einem ganze fünf Minuten dauernden mentalen Abstieg über das telepathische »Seil« spürte sie eine leichte Veränderung. Es fühlte sich an wie ein kleiner, aber deutlicher Ruck an einer Angelschnur tief unten im Wasser.

»Ich war mir sicher, dass du das warst«, erzählte sie mir später, »und das sagte ich auch Holley. Ich sagte ihr, deine Zeit sei noch nicht gekommen, und dein Körper wisse schon, was zu tun sei. Ich machte den Vorschlag, Holley solle diese beiden Gedanken im Kopf behalten und sie dir gegenüber wiederholen, wenn sie an deinem Bett saß.«

17

N von 1

Es war Donnerstag, als meine Ärzte feststellten, dass mein spezieller *E.-coli*-Stamm nicht mit jenem ultraresistenten Stamm übereinstimmte, der merkwürdigerweise genau zu der Zeit in Israel aufgetaucht war, als ich dort war. Aber die Tatsache, dass es keine Übereinstimmung gab, machte meinen Fall nur noch verwirrender. Es war auf jeden Fall eine gute Nachricht, dass ich keinen Bakterienstamm in mir trug, der ein Drittel des Landes ausrotten konnte. Aber bezogen auf meine eigene Heilung bestätigte es nur, was meine Ärzte bereits stark vermuteten, nämlich dass mein Fall eigentlich ein Präzedenzfall war.

Allmählich wandelte sich die Verzweiflung in Hoffnungslosigkeit. Die Ärzte hatten einfach keine Antwort auf die Fragen, wie ich mir diese Infektion zugezogen hatte und wie man mich aus dem Koma zurückholen konnte. Sicher waren sie sich nur in einem Punkt: Sie kannten keinen Fall, in dem sich ein Patient ganz von seiner bakteriellen Meningitis erholt hatte, nachdem er länger als ein paar Tage im Koma gelegen hatte. Wir waren jetzt bei Tag vier.

Der Stress forderte von allen seinen Tribut. Phyllis und Betsy waren am Dienstag übereingekommen, dass es sich in meiner Gegenwart verbiete, mein mögliches Ableben auch nur zu erwähnen, weil irgendein Teil von mir ein

Gespräch darüber möglicherweise mitbekommen konnte. Ganz früh am Donnerstagmorgen fragte Jean eine der Stationsschwestern nach meinen Überlebenschancen. Betsy, die auf der anderen Seite meines Bettes saß, hörte das und sagte: »*Bitte,* sprich in diesem Raum nicht über dieses Thema.«

Jean und ich waren einander immer extrem nahe gewesen. Wir waren genauso ein Teil der Familie wie unsere anderen Geschwister, welche die leiblichen Kinder unserer Eltern waren, aber die Tatsache, dass Mama und Papa uns »ausgewählt« hatten, verband uns unweigerlich auf eine ganz besondere Weise. Sie hatte immer auf mich aufgepasst, und ihre Frustration darüber, dass sie in der gegenwärtigen Situation völlig machtlos war, brachte sie an die Grenze ihrer Belastbarkeit.

Tränen traten in Jeans Augen. »Ich muss für eine Weile nach Hause gehen«, sagte sie.

Nachdem sie festgestellt hatten, dass eine Menge Leute da waren, die weiterhin an meinem Bett Wache halten konnten, waren sich alle einig, dass das Krankenhauspersonal vermutlich froh sein würde, eine Person weniger in meinem Zimmer vorzufinden.

Jean kehrte in unser Haus zurück, packte ihre Sachen und fuhr noch am selben Nachmittag wieder heim nach Delaware. Mit ihrer Abreise gab sie erstmals einem Gefühl deutlich Ausdruck, das sich allmählich in der ganzen Familie breitmachte: Machtlosigkeit. Es gibt wohl wenige Erfahrungen, die frustrierender sind, als einen geliebten Menschen im Koma zu sehen. Man möchte helfen, kann aber nicht. Man möchte, dass die Person ihre Augen aufmacht, aber sie tut es nicht.

Familienangehörige von Komapatienten verlegen sich oft darauf, die Augen des Patienten selbst zu öffnen. Damit wollen sie die Entscheidung praktisch erzwingen und dem Patienten das Aufwachen befehlen. Natürlich funktioniert das nicht, und es kann die Moral dessen, der es versucht, noch weiter schrumpfen lassen. Bei Patienten im Tiefkoma funktioniert die Koordination der Augen und der Pupillen nicht mehr. Wenn Sie die Augenlider eines Patienten, der im Tiefkoma liegt, öffnen, sehen Sie vermutlich Augen, von denen eines in die eine und das andere in die andere Richtung schaut. Das ist ein zermürbender Anblick, und er verstärkte Holleys Schmerz in jener Woche immer dann, wenn sie meine Augenlider aufzwang und im Wesentlichen die verdrehten Augäpfel einer Leiche sah.

Als Jean weg war, liefen die Dinge wirklich aus dem Ruder. Phyllis begann jetzt ein Verhalten an den Tag zu legen, das ich in meiner eigenen Praxis an Familienmitgliedern von Patienten zahllose Male beobachtet hatte. Sie reagierte frustriert auf meine Ärzte.

»Warum geben sie uns nicht mehr Informationen?«, fragte sie Betsy zornig. »Ich schwöre dir, wenn Eben hier wäre, würde er uns mit Sicherheit sagen, was hier wirklich los ist.«

Tatsache war, dass meine Ärzte absolut alles taten, was sie für mich tun konnten. Und Phyllis wusste das natürlich. Aber der Schmerz und die Frustration über die Situation zehrten meine Lieben einfach auf.

Am Dienstag hatte Holley mit Dr. Jay Loeffler telefoniert. Jay war bei der Entwicklung des stereotaktischen Radiochirurgie-Programms am Brigham & Women's Hospital in Boston mein Partner gewesen, und er war damals Chef der Radioonkologie am Massachusetts General Hospital. Holley dachte daher, er könne ihr ein paar kompetente Antworten geben.

Als Holley meine Situation beschrieb, vermutete Jay, sie würde meinen Fall nicht ganz korrekt wiedergeben. Was sie ihm beschrieb, war, wie er wusste, eigentlich unmöglich. Doch als Holley ihn endlich davon überzeugt hatte, dass ich wirklich in einem Koma lag, das von einer seltenen bakteriellen Meningitis, deren Ursprung niemand erklären konnte, hervorgerufen worden war, fing er an, im ganzen Land Experten für Infektionskrankheiten anzurufen. Keiner, mit dem er sprach, hatte je von einem Fall wie dem meinen gehört. Bei Durchsicht der medizinischen Literatur bis zurück ins Jahr 1991 konnte er nicht einen einzigen Fall von *E.-coli*-Meningitis bei einem Erwachsenen finden, der nicht kurz davor einen neurochirurgischen Eingriff hinter sich gebracht hatte.

Seit Dienstag rief Jay mindestens einmal am Tag an, um sich von Phyllis oder Holley auf den neuesten Stand bringen zu lassen und ihnen Rückmeldung über die Ergebnisse seiner Nachforschungen zu geben. Steve Tatter, ein weiterer guter Freund und Neurochirurg, rief ebenfalls täglich an und gab Rat und Trost. Aber Tag für Tag bestand die einzige Offenbarung darin, dass mein Fall der erste dieser Art in der Medizingeschichte war. Eine spontane *E.-coli*-Meningitis kommt bei Erwachsenen sehr selten vor. Weniger als einer von 10 Millionen Menschen erkrankt jährlich daran. Und wie alle Varianten der gramnegativen bakteriellen Meningitis ist sie hochaggressiv. So aggressiv, dass mehr als

90 Prozent der Infizierten sterben, die anfangs, wie ich, einen rapiden neurologischen Verfall erleben. Und diese Sterblichkeitsrate, galt für den Zeitpunkt, zu dem ich in die Notaufnahme eingeliefert wurde. Diese düsteren 90 Prozent krochen, während die Woche verging und mein Körper nicht auf die Antibiotika reagierte, auf 100 Prozent. Die wenigen, die einen Fall wie den meinen überleben, brauchen in der Regel für den Rest ihres Lebens eine Rund-um-die-Uhr-Betreuung. Offiziell hatte ich den Status »N von 1«. Dieser Begriff bezieht sich auf medizinische Studien mit nur einem Patienten. Es gab einfach niemand anderen, mit dem die Ärzte meinen Fall vergleichen konnten.

Von Mittwoch an brachte Holley Bond jeden Nachmittag nach der Schule zu einem Besuch ins Krankenhaus. Aber ab Freitag fragte sie sich, ob diese Besuche vielleicht mehr schadeten als nützten. Anfang der Woche hatte ich mich bisweilen bewegt. Mein Körper war wilden Zuckungen unterworfen. Dann massierte eine Schwester meinen Kopf und beruhigte mich, sodass ich irgendwann wieder still wurde. Das mit anzusehen war für meinen zehnjährigen Sohn verwirrend und unangenehm. Es war schlimm genug, dass er sich einen Körper anschauen musste, der keine Ähnlichkeit mehr mit seinem Vater hatte. Aber dann auch noch zu sehen, wie dieser Körper mechanische Bewegungen machte, die er nicht als meine erkannte, war eine ganz besondere Herausforderung. Tag für Tag wurde ich immer weniger die Person, die er gekannt hatte, und immer mehr ein unkenntlicher Körper in einem Bett – ein grausamer und fremder Zwilling des ihm einst vertrauten Vaters. Gegen Ende der Woche hatten diese gelegentlichen Ausbrüche motorischer

Aktivität fast ganz aufgehört. Ich brauchte keine Sedierung mehr, weil die Bewegung meines Körpers – selbst die tote, automatische Art von Bewegung, die von den rudimentären Reflexen meines Stammhirns und Rückenmarks hervorgerufen wurde – fast auf null geschwunden war.

Weitere Familienmitglieder und Freunde riefen an und fragten, ob sie kommen sollten. Am Donnerstag wurde entschieden, dass sie nicht kommen sollten. Es herrschte schon jetzt zu viel Tumult in meinem Zimmer auf der Intensivstation. Die Schwestern wiesen nachdrücklich darauf hin, dass mein Gehirn Ruhe brauche – je ruhiger, desto besser.

Der Ton der Telefongespräche veränderte sich ebenfalls merklich. Es war eine subtile Verschiebung von hoffnungsvoll nach hoffnungslos. Manchmal hatte Holley, wenn sie sich in meinem Zimmer umschaute, das Gefühl, sie habe mich bereits verloren.

Am Donnerstagnachmittag klopfte es bei Michael Sullivan an der Tür. Es war seine Kirchensekretärin.

»Das Krankenhaus ruft an«, sagte sie. »Eine der Schwestern, die Eben versorgen, möchte mit Ihnen sprechen. Sie sagt, es sei dringend.«

Michael griff zum Telefonhörer.

»Michael«, sagte die Schwester, »Sie müssen sofort kommen. Eben liegt im Sterben.«

Als Pastor war Michael schon oft in dieser Situation gewesen. Pastoren sehen den Tod und die Trümmer, die er hinterlässt, fast genauso oft wie Ärzte. Dennoch war Michael schockiert, als er das Wort »Sterben« in Zusammenhang mit mir hörte. Er rief Page an, seine Frau, und bat sie zu beten – sowohl für mich als auch um die Kraft, die er brauchen würde, um der Situation gewachsen zu sein. Dann fuhr er durch den kalten Dauerregen zum Krankenhaus. Er hatte Mühe, überhaupt etwas zu sehen, denn seine Augen standen voller Tränen.

Als er in mein Zimmer kam, fand er so ziemlich genau die gleiche Szene vor wie bei seinem letzten Besuch. Phyllis saß an meinem Bett und hielt meine Hand, wie sie es abwechselnd mit anderen ohne Pause seit ihrer Ankunft Montagnacht gemacht hatte. Meine Brust hob und senkte sich mithilfe des Beatmungsgeräts zwölf Mal pro Minute, und die Schwester erledigte still ihre Routinetätigkeiten, ging von einer der Maschinen, die mein Bett umgaben, zur anderen und notierte, was sie anzeigten. Eine andere Schwester kam herein, und Michael fragte, ob sie seine Assistentin angerufen habe.

»Nein«, antwortete sie. »Ich war den ganzen Morgen hier, und sein Zustand hat sich seit gestern Nacht nicht groß verändert. Ich weiß nicht, wer Sie angerufen hat.«

Gegen elf hatten sich Holley, Mama, Phyllis und Betsy in meinem Zimmer versammelt. Michael schlug vor zu beten. Alle, einschließlich der beiden Schwestern, stellten sich Hand in Hand um mein Bett, und Michael sprach ein weiteres von Herzen kommendes Bittgebet für meine Genesung.

»Herr, bring Eben zu uns zurück. Ich weiß, es steht in deiner Macht.«

Noch immer wusste niemand, wer Michael angerufen hatte. Doch wer es auch gewesen war, es war gut, dass er oder sie es getan hatte. Denn die Gebete, die aus der unteren Welt kamen – der Welt, von der ich gekommen war –, begannen endlich, zu mir durchzudringen.

18

Vergessen und Erinnern

Mein Bewusstsein war jetzt weiter. So weit, dass es das gesamte Universum zu erfassen schien. Haben Sie schon einmal ein von Rauschen und anderen Störgeräuschen begleitetes Lied im Radio gehört? Man gewöhnt sich daran. Dann stellt jemand den Regler neu ein, und Sie hören dasselbe Lied klar und deutlich. Wieso ist Ihnen nicht aufgefallen, wie dumpf, wie weit weg und wie völlig falsch es vorher geklungen hat?

Natürlich, so funktioniert der Verstand. Menschen sind darauf angelegt, sich anzupassen. Ich habe meinen Patienten oft erklärt, dass sich diese oder jene Beschwerden verringern oder zumindest in ihrer Wahrnehmung verringern würden, sobald sich ihr Körper und ihr Gehirn an die neue Situation angepasst hätten. Wenn irgendetwas lange genug abläuft, lernt das Gehirn, es zu ignorieren oder zu umgehen oder es einfach als normal zu behandeln.

Aber unser eingeschränktes irdisches Bewusstsein ist weit davon entfernt, einfach normal zu sein. Das wurde mir zum ersten Mal demonstriert, als ich immer tiefer reiste, geradewegs in die Mitte des Zentrums. Ich hatte immer noch keine Erinnerung an meine irdische Vergangenheit, und doch war meine Erinnerung nicht ausgelöscht. Obwohl ich mein Leben hier unten vergessen hatte, erinnerte ich mich, wer ich da draußen wirklich und wahrhaftig war. Ich war ein Bewohner eines in seiner Weite und Komplexität atemberaubenden Universums, das ganz und gar von Liebe regiert wurde.

Auf beinahe unheimliche Weise waren die Entdeckungen, die ich jetzt außerhalb meines Körpers machte, eine Art Echo jener Lektionen, die ich nur ein Jahr zuvor durch die Wiedervereinigung mit meiner leiblichen Familie gelernt hatte. Letztlich ist niemand von uns ein Waisenkind. Wir sind alle in der Position, in der ich war, da wir alle noch eine *andere Familie* haben: Wesen, die uns beobachten und über uns wachen; Wesen, die wir zeitweise vergessen haben, die aber, wenn wir für ihre Anwesenheit offen sind, nur darauf warten, uns während unserer Zeit hier auf der Erde zur Seite zu stehen. Keiner von uns ist je ungeliebt. Der Schöpfer, der uns mehr liebt, als wir überhaupt begreifen können, kennt jeden Einzelnen von uns ganz genau und kümmert sich um uns. Dieses Wissen darf nicht länger ein Geheimnis bleiben.

19

Kein Verstecken mehr möglich

Freitag hatte mein Körper seit vier Tagen intravenös Antibiotika bekommen, aber er reagierte nach wie vor nicht darauf. Von überall her waren Familienmitglieder und Freunde gekommen, und diejenigen, die nicht gekommen waren, hatten in ihren Kirchen Gebetsgruppen für mich initiiert. Meine Schwägerin Peggy und Holleys gute Freundin Sylvia kamen am Nachmittag. Holley begrüßte sie mit dem fröhlichsten Gesicht, das ihr möglich war. Betsy und Phyllis vertraten auch weiterhin die Er-wird-bald-wieder-gesund-Haltung, indem sie um jeden Preis positiv blieben. Doch es wurde von Tag zu Tag schwerer, daran zu glauben. Sogar Betsy begann sich zu fragen, ob ihre Anordnung »Nichts Negatives in diesem Zimmer« in Wirklichkeit nicht so etwas wie »Keine Realität in diesem Zimmer« bedeutete.

»Glaubst du, Eben würde das auch für uns tun, wenn die Rollen umgekehrt verteilt wären?«, fragte Phyllis Betsy an jenem Morgen nach einer weiteren mehr oder weniger schlaflos verbrachten Nacht.

»Was willst du damit sagen?«, fragte Betsy.

»Also, denkst du, er würde jede Minute mit uns verbringen und auf der Intensivstation campieren?«

Betsy hatte die denkbar schönste und einfachste Antwort und formulierte sie als Frage: »Gibt es irgendeinen anderen Ort auf der Welt, an dem du dir jetzt vorstellen könntest zu sein?«

Beide waren sich einig, dass ich innerhalb einer Sekunde zur Stelle sein würde, wenn man mich brauchte, dass es aber sehr, sehr schwer vorstellbar war, ich würde stundenlang an ein und demselben Ort einfach nur herumsitzen. »Es hat sich nie wie eine lästige Pflicht angefühlt oder wie etwas, was nun mal getan werden muss. Wir gehörten einfach hierher, an dein Bett«, erzählte mir Phyllis später.

Sylvia war höchst beunruhigt über meine Hände und Füße, denn die rollten sich allmählich ein wie die Blätter einer Pflanze, die unter Wassermangel leidet. Das ist bei Schlaganfall- und Komapatienten normal, weil sich die dominanten Muskeln in den Extremitäten mit der Zeit zusammenziehen. Aber für Familienangehörige und geliebte Menschen ist das kein leichter Anblick. Wenn sie mich anschaute, gab sich Sylvia selbst den Rat, auf ihr ursprüngliches Bauchgefühl zu hören. Aber sogar ihr fiel das sehr, sehr schwer.

Holley war dazu übergegangen, sich mehr und mehr selbst die Schuld zu geben (wenn sie nur früher die Treppe hinaufgegangen wäre …, wenn sie nur dies getan und jenes gelassen hätte …), und alle taten, was sie konnten, um sie von diesem Thema abzulenken.

Mittlerweile wusste jeder, dass, selbst wenn ich mich wieder erholte, *Erholung* oder *Genesung* nicht ganz die richtigen Wörter für das waren, worauf es hinauslaufen würde. Ich würde mindestens drei Monate intensiver Rehabilitation brauchen, chronische Sprachprobleme haben (falls ich überhaupt noch genügend Gehirnkapazität hatte, um wieder sprechen zu können) und für den Rest meines Lebens ein Pflegefall sein. Dies war das Best-Case-Szenario, und so grausam und düster das auch klingen mag, es lag sowieso weitgehend im Reich der Fantasie. Die Chancen, dass ich jemals in derart guter Form sein würde, schrumpften gegen null.

Bond war davon abgehalten worden, sich sämtliche Einzelheiten meines Zustands anzuhören, doch als er am Freitag nach der Schule im Krankenhaus war, hörte er zufällig mit, wie einer meiner Ärzte Holley über das informierte, was sie ohnehin schon wusste.

Es war Zeit, den Tatsachen ins Auge zu sehen. Es gab nur noch wenig Hoffnung.

Als es an diesem Abend Zeit für ihn war, nach Hause zu gehen, weigerte sich Bond, mein Zimmer zu verlassen. Grundsätzlich wurden nur zwei Personen gleichzeitig in meinem Zimmer zugelassen, damit die Ärzte und Schwestern ihre Arbeit machen konnten. Gegen sechs Uhr deutete Holley sanft an, es sei Zeit, nach Hause und ins Bett zu gehen. Aber Bond blieb einfach auf seinem Stuhl direkt unter seiner Zeichnung vom Krieg zwischen den weißen Blutkörperchen-Soldaten und den eindringenden *E.-coli*-Truppen sitzen.

»Er weiß sowieso nicht, dass ich hier bin«, sagte er in einem halb verbitterten, halb flehenden Ton. »Warum kann ich nicht einfach bleiben?«

Also betrat für den Rest des Abends immer nur eine Person das Zimmer, wenn eine andere ging, damit Bond bleiben konnte, wo er war.

Am nächsten Morgen – Samstag – nahm Bond die umgekehrte Haltung ein. Als Holley den Kopf in sein Zimmer steckte, um ihn zu wecken, erwiderte er erstmals in dieser Woche, er wolle nicht ins Krankenhaus gehen.

»Warum nicht?«, fragte Holley.

»Weil ich Angst habe«, sagte Bond.

Mit diesem Geständnis sprach er für alle.

Holley ging für ein paar Minuten wieder nach unten in die Küche. Dann versuchte sie es noch einmal und fragte, ob er sicher sei, dass er seinen Papa nicht sehen wolle. Es folgte eine lange Pause, in der er sie nur anstarrte.

»Okay«, sagte er schließlich.

Der Samstag war ausgefüllt mit abwechselnden Wachen an meinem Bett und hoffnungsvollen Gesprächen zwischen der Familie und den Ärzten. Alles machte den Eindruck eines halbherzigen Versuchs, die Hoffnung am Leben zu halten. Die Reserven aller waren deutlich leerer als am Tag zuvor.

Am Samstagabend brachte Phyllis unsere Mutter Betty in deren Hotel zurück und fuhr dann weiter zu unserem Haus. Es war stockdunkel, kein einziges Fenster war beleuchtet, und während sie über den nassen Matsch schlidderte, konnte sie sich kaum auf den Gehwegplatten halten. Mittlerweile regnete es schon seit ganzen fünf Tagen, seit dem Nachmittag, an dem man mich in die Notaufnahme gebracht hatte. Diese Art von Dauerregen ist sehr ungewöhnlich für das Hochland von Virginia, wo es im November normalerweise frisch, klar und sonnig ist, wie es am Sonntag davor gewesen war, dem Tag vor meinem Anfall. Nun schien dieser Tag schon so lange zurückzuliegen, und es fühlte sich an, als habe der Himmel *immer* nur Regen ausgespuckt. Wann würde das endlich aufhören?

Phyllis schloss die Tür auf und schaltete das Licht an. Seit Anfang der Woche waren alle möglichen Leute vorbeigekommen und hatten Essen mitgebracht, und obwohl immer noch Essen vorbeigebracht wurde, war die halb hoffnungsvolle, halb besorgte Atmosphäre des Zusammenhaltens in einer vorübergehenden Notlage dunkler und verzweifelter geworden. Unsere Freunde wussten, genau wie unsere Familienangehörigen, dass sich die Zeit der Hoffnung für mich ihrem Ende näherte.

Phyllis dachte kurz daran, Feuer zu machen, aber diesem Gedanken folgte sofort ein anderer, unerwünschter: *Warum so viel Aufhebens machen?* Sie fühlte sich plötzlich erschöpfter und niedergeschlagener als sie sich, soweit sie sich erinnern konnte, je gefühlt hatte. Also legte sie sich im holzverkleideten Arbeitszimmer auf die Couch und fiel in einen tiefen Schlaf.

Eine halbe Stunde später kamen Sylvia und Peggy zurück. Sie schlichen auf Zehenspitzen am Arbeitszimmer vorbei, als sie sahen, dass Phyllis dort eingeschlafen war. Sylvia ging in den Keller und entdeckte, dass jemand die Tür des Gefrierschranks offen gelassen hatte. Auf dem Boden hatte sich eine Wasserpfütze gebildet, und die Lebensmittel begannen aufzutauen, einschließlich mehrerer schöner Steaks.

Als Sylvia Peggy von dem Malheur im Keller erzählte, beschlossen die beiden, das Beste aus der Situation zu machen. Sie riefen den Rest der Familie und ein paar Freunde an und gingen ans Werk. Peggy besorgte noch ein paar Beilagen, und dann veranstalteten sie ein spontanes Fest. Bald kamen Betsy, ihre Tochter Kate und ihr Mann Robbie dazu und brachten auch Bond mit. Es gab viel aufgeregtes Geplapper und einen großen Eiertanz um das Thema, das jedem im Kopf herumspukte: dass ich, der abwesende Ehrengast, höchstwahrscheinlich nie in dieses Haus zurückkehren würde.

Holley war ins Krankenhaus zurückgefahren, um die endlose Wache fortzusetzen. Sie saß an meinem Bett, hielt meine Hand und hörte nicht auf, die Mantras zu wiederholen, die Susan Reintjes ihr empfohlen hatte, wobei sie sich zwang, innerlich bei der Bedeutung der Worte zu bleiben, während sie sie aussprach, und von Herzen daran zu glauben, dass sie wahr waren.

»Nimm die Gebete an.

Du hast andere geheilt. Jetzt ist es an dir, geheilt zu werden.

Du wirst von vielen geliebt.

Dein Körper weiß, was zu tun ist. Deine Zeit zu sterben ist noch nicht gekommen.«

20

Der Abschluss

Jedes Mal, wenn ich wieder das Gefühl hatte, im groben Reich der Regenwurmperspektive festzusitzen, war ich in der Lage, mich an die herrliche kreisende Melodie zu erinnern, die mir die Pforte zurück zum Übergang und zum Zentrum öffnete. Ich verbrachte große Zeitspannen – die sich paradoxerweise anfühlten, als vergingen sie in Windeseile – in Gegenwart meines Schutzengels auf dem Schmetterlingsflügel und eine Ewigkeit damit, meine Lektionen von dem Schöpfer und der Lichtkugel tief im Innern des Zentrums zu lernen.

Irgendwann stand ich auf der Schwelle zum Übergang und merkte, dass ich ihn nicht mehr betreten konnte. Die kreisende Melodie – bis dahin meine Eintrittskarte in diese höheren Regionen – trug mich nicht mehr dorthin. Die Himmelstore waren geschlossen.

Wieder einmal ist es eine extreme Herausforderung zu beschreiben, wie sich das anfühlte. Das liegt an dem Engpass der linearen Sprache, durch den wir hier auf der Erde alles zwängen müssen, und an der allgemeinen Verflachung des Erlebens, die sich einstellt, wenn wir uns in einem Körper befinden. Denken Sie an alle Enttäuschungen, die Sie je erlebt haben. In gewissem Sinne sind alle Verluste, die wir hier auf der Erde erfahren, in Wirklichkeit Varianten des einen absolut zentralen Verlustes: des Verlustes des Himmels.

An dem Tag, an dem die Himmelstore für mich verschlossen blieben, empfand ich eine Traurigkeit, wie ich sie nie zuvor empfunden hatte. Gefühle sind anders dort oben. Alle menschlichen Emotionen sind präsent, aber sie sind tiefer, weiter. Sie sind nicht nur innen, sondern auch außen. Stellen Sie sich vor, dass sich jedes Mal, wenn sich hier auf der Erde Ihre Stimmung verändert, sofort auch das Wetter mit verändert. Dass Ihre Tränen einen sintflutartigen Regenguss auslösen und Ihre Freude auf der Stelle die Wolken zum Verschwinden bringt. Das gibt uns eine Vorstellung davon, wie viel riesiger und folgenschwerer als hier unten Stimmungsschwankungen dort oben sind, wie seltsam und wie kraftvoll, und dass das, was wir uns als »innen« und »außen« denken, überhaupt nicht wirklich existiert.

So kam es, dass ich jetzt mit gebrochenem Herzen in eine Welt des zunehmenden Kummers versank, in eine Schwermut, und dass es gleichzeitig ein *tatsächliches* Sinken war.

Ich bewegte mich durch große Wolkenwände nach unten. Da war ein Murmeln um mich herum, aber ich konnte die Worte nicht verstehen. Dann merkte ich, dass ich von zahllosen Wesen umgeben war. Sie knieten in Bögen, die weit in die Ferne reichten. Wenn ich heute zurückblicke, erkenne ich, was diese halb gesehenen, halb gefühlten Hierarchien von Wesen, die sich bis in die Dunkelheit über und unter mir erstreckten, da taten.

Sie beteten für mich.

Zwei der Gesichter, an die ich mich später erinnerte, gehörten Michael Sullivan und seiner Frau Page. Ich erinnere mich, sie nur im Profil gesehen zu haben. Doch als nach meiner Rückkehr meine Sprache wiederkam, konnte ich sie ganz klar identifizieren. Michael war mehrmals physisch in meinem Krankenzimmer auf der Intensivstation gewesen und hatte dort Gebetskreise geleitet, aber Page war nie persönlich dort gewesen (allerdings hatte auch sie für mich gebetet).

Diese Gebete gaben mir Energie. Das ist wahrscheinlich der Grund, warum ich, tieftraurig wie ich war, gleichzeitig auch das seltsame Vertrauen hatte, dass alles gut werden würde. Diese Wesen wussten, dass ich mich in einer Phase des Übergangs befand, und sie sangen und beteten, um mir zu helfen, den Mut nicht zu verlieren. Ich war unterwegs ins Unbekannte, aber an diesem Punkt glaubte ich fest und vertraute absolut darauf, dass für mich gesorgt werden würde, wie es mir meine Begleiterin auf dem Schmetterlingsflügel und die unendlich liebende Gottheit versprochen hatten; dass der Himmel mich begleiten würde, wo auch immer ich hinging. Er würde in Form des Schöpfers kommen, in Form des Om und in Form des Engels – meines Engels –, als das Mädchen auf dem Schmetterlingsflügel.

Ich war auf dem Weg zurück, aber ich war nicht allein. Und ich wusste, dass ich mich nie wieder allein fühlen würde.

21

Der Regenbogen

Als sie später darüber nachdachte, sagte Phyllis, dass sie sich im Zusammenhang mit dieser Woche an eine Sache ganz besonders erinnere, und zwar an den Regen. Es sei ein kalter, treibender Regen aus niedrig hängenden Wolken gewesen, die sich nie auflockerten und nie die Sonne durchscheinen ließen. Doch dann, als sie an jenem Sonntagmorgen mit ihrem Auto auf den Krankenhausparkplatz fuhr, sei etwas Eigenartiges passiert.

Phyllis hatte gerade eine Textbotschaft von einer Gebetsgruppe aus Boston gelesen. Sie lautete: »Erwarte ein Wunder.« Während sie darüber nachdachte, ein wie großes Wunder sie denn erwarten solle, half sie unserer Mutter aus dem Auto, und beide machten eine Bemerkung darüber, dass der Regen aufgehört hatte. Im Osten schickte die Sonne ihre Strahlen durch einen Spalt in der Wolkendecke, welche die wunderbaren Berge im Westen und die Wolkenschicht über ihnen aufleuchten ließen und den grauen Wolken einen goldenen Schimmer verliehen. Und als sie auf die fernen Gipfel schauten, die von der aufgehenden Novembersonne angestrahlt wurden, war er da: ein perfekter Regenbogen.

Sylvia fuhr mit Holley und Bond ebenfalls zum Krankenhaus. Sie hatten einen Termin mit meinem behandelnden Arzt, Scott Wade. Dr. Wade war zugleich ein Freund

und Nachbar von uns und hatte mit der schlimmsten Entscheidung gerungen, vor die Ärzte bei lebensbedrohlichen Erkrankungen immer wieder gestellt werden. Je länger ich in diesem Koma blieb, desto wahrscheinlicher wurde es, dass ich den Rest meines Lebens in einer Art Wachkoma verbringen musste. Angesichts der hohen Wahrscheinlichkeit, dass ich der Meningitis erlag, wenn die Antibiotika einfach abgesetzt wurden, war es daher vielleicht sinnvoller, sie mir nicht weiter zu verabreichen, als die Behandlung mit der Aussicht auf ein fast sicheres lebenslanges Koma fortzusetzen. Da meine Meningitis bisher überhaupt nicht gut auf die Behandlung angesprochen hatte, liefen sie Gefahr, am Ende die Meningitis vielleicht doch noch vollständig auszumerzen und es so zu ermöglichen, dass ich dann Monate oder gar Jahre in einem einst vitalen, jetzt aber nicht mehr reagierenden Körper ohne jede Lebensqualität lebte.

»Nehmen Sie Platz«, sagte Dr. Wade zu Sylvia und Holley. Seine Stimme klang freundlich, aber auch unmissverständlich hart. »Dr. Brennan und ich haben jeweils Telefonkonferenzen mit Experten am Duke, an der Universität von Virginia und an der Medizinischen Hochschule von Bowman Gray geführt. Leider muss ich Ihnen mitteilen, dass alle übereinstimmend den Verlauf der Dinge als nicht positiv einschätzen. Wenn sich Ebens Zustand innerhalb der nächsten zwölf Stunden nicht deutlich verbessert, werden wir vermutlich vorschlagen, über ein Absetzen der Antibiotika nachzudenken. Nach einer Woche im Koma bei schwerer bakterieller Meningitis sind die Grenzen einer vernünftigen Erwartung auf Genesung bereits überschritten.

Angesichts dieser Aussichten ist es vielleicht besser, der Natur ihren Lauf zu lassen.«

»Aber gestern habe ich gesehen, dass er die Augenlider bewegt hat«, protestierte Holley. »Wirklich, sie haben sich bewegt. Fast als versuche er, die Augen zu öffnen. Ich bin sicher, dass ich das gesehen habe.«

»Das bezweifle ich nicht«, entgegnete Dr. Wade. »Die Anzahl seiner weißen Blutkörperchen ist auch zurückgegangen. Das sind alles gute Nachrichten, und ich will keineswegs das Gegenteil andeuten. Aber Sie müssen die Situation im Zusammenhang sehen. Wir haben Ebens Sedierung deutlich verringert, und jetzt sollte sich bei seinen neurologischen Untersuchungen mehr Neuroaktivität zeigen, als es der Fall ist. Die Grundfunktionen seines Gehirns sind teilweise noch erhalten, nicht aber seine erforderlichen höheren Gehirnfunktionen. Mit der Zeit ist bei den meisten Komapatienten eine gewisse Verbesserung der scheinbaren Wachheit zu beobachten. Ihre Körper tun Dinge, die den Anschein erwecken, als kämen sie zurück. Aber das tun sie nicht. Es ist einfach nur das Stammhirn, das einen Zustand namens *coma vigile* einnimmt, eine Art Warteschleife, in der es Monate oder sogar Jahre verharren kann. Das erklärt höchstwahrscheinlich auch die flatternden Augenlider. Ich kann nur wiederholen, dass sieben Tage für ein Koma mit bakterieller Meningitis eine enorm lange Zeitspanne sind.«

Dr. Wade gebrauchte eine Menge Worte, um den Schock einer Botschaft abzumildern, die man in einen Satz hätte fassen können: Es war an der Zeit, meinen Körper sterben zu lassen.

22

Sechs Gesichter

Während ich abstieg, blubberten weitere Gesichter aus dem Schlamm hervor, wie immer, wenn ich mich ins Reich der Regenwurmperspektive begab. Aber diesmal war etwas anders an diesen Gesichtern. Es waren menschliche Gesichter, nicht die von Tieren. Und es war klar, dass sie etwas sagten.

Nicht, dass ich feststellen konnte, was sie sagten. Es war ein wenig wie in den alten Charlie-Brown-Cartoons, in denen man, wenn die Erwachsenen etwas sagen, nur nicht entzifferbare Laute in den Sprechblasen sieht. Später, als ich auf dieses Ereignis zurückschaute, wurde mir klar, dass ich sechs der Gesichter, die ich gesehen hatte, identifizieren konnte: Sylvia, Holley und ihre Schwester Peggy, außerdem Scott Wade und Susan Reintjes. Die Einzige, die in diesen letzten Stunden nicht physisch an meinem Bett stand, war Susan. Aber auf ihre Weise stand sie natürlich auch an meinem Bett, denn in jener Nacht setzte sie sich genau wie in der Nacht zuvor in ihrer Wohnung in Chapel Hill hin und begab sich mental in meine Gegenwart.

Als mir all das später klar wurde, fragte ich mich, warum meine Mutter Betty und meine Schwestern, die alle die ganze Woche da gewesen und stundenlang liebevoll meine

Hand gehalten hatten, in der Reihe von Gesichtern, die ich gesehen hatte, fehlten. Mutter, die an einem Ermüdungsbruch am Fuß litt, brauchte eine Gehhilfe, um sich fortzubewegen, aber sie hatte stets getreulich ihre Schicht bei der Wache an meinem Bett übernommen. Phyllis, Betsy und Jean waren ebenfalls da gewesen. Dann erfuhr ich, dass sie in dieser letzten Nacht nicht bei mir saßen. Die Gesichter, an die ich mich erinnerte, gehörten zu den Menschen, die am siebten Morgen meines Komas beziehungsweise am Abend davor körperlich anwesend gewesen waren.

Wieder hatte ich zu der Zeit, als ich abstieg, weder Namen noch Identitäten präsent, die ich diesen Gesichtern hätte zuordnen können. Ich wusste oder spürte nur, dass sie in irgendeiner Weise wichtig für mich waren.

Noch etwas Spezielles zog mich mit besonderer Macht zu sich. Es begann regelrecht an mir zu zerren. Mit einem Ruck, der im gesamten riesigen Schacht aus Wolken und betenden Engelwesen, durch den ich nach unten stieg, widerzuhallen schien, wurde mir plötzlich klar, dass die Wesen des Übergangs und des Zentrums – Wesen, die ich anscheinend schon ewig kannte und liebte – nicht die einzigen mir vertrauten Wesen waren. Ich kannte und liebte auch Wesen dort unten – in dem Reich, dem ich mich nun schnell näherte. Wesen, die ich bis jetzt vollkommen vergessen hatte.

Dieses Wissen bezog sich auf alle sechs Gesichter, ganz besonders aber auf das sechste. Es war mir so vertraut. Ich erkannte mit einem Gefühl der Betroffenheit, das an absolute Angst grenzte, dass es das Gesicht von jemandem war, der mich brauchte. Jemand, der sich nie wieder erholen würde, wenn ich ging. Wenn ich jetzt aufgab, wäre der Verlust für diesen Jemand unerträglich – wie das Gefühl, das ich gehabt hatte, als sich die Himmelstore schlossen. Es wäre ein Verrat, den ich einfach nicht begehen durfte.

Bis jetzt war ich frei gewesen. Ich war durch die Welten gereist, wie Abenteurer es besonders gut können: ohne einen Gedanken an das eigene Schicksal. Das Ergebnis spielte letztlich keine Rolle, denn selbst als ich im Zentrum war, hatte ich keinerlei Sorgen oder Schuldgefühle darüber empfunden, dass ich vielleicht jemanden im Stich ließ. Das war eines der ersten Dinge gewesen, die ich gelernt hatte, als ich mit dem Mädchen auf dem Schmetterlingsflügel war und sie mir sagte: »Es gibt nichts, was du falsch machen kannst.«

Aber jetzt war alles anders. So anders, dass ich zum ersten Mal während meiner ganzen Reise richtig Angst hatte. Nicht um mich selbst, sondern um diese Gesichter – und ganz besonders um dieses sechste Gesicht. Ein Gesicht, das ich immer noch nicht identifizieren konnte, von dem ich aber wusste, dass es von entscheidender Bedeutung für mich war.

Dieses Gesicht wurde immer deutlicher, bis ich endlich sah, dass es – dass *er* – mich tatsächlich anflehte, zurückzukommen und den schrecklichen Abstieg in die Welt dort unten zu wagen, um wieder bei ihm zu sein. Ich konnte seine Worte zwar immer noch nicht verstehen, aber irgendwie gaben sie mir zu verstehen, dass ich Anteil an dieser Welt dort unten hatte; dass für mich, wie man so schön sagt, viel auf dem Spiel stand.

Es war wichtig, dass ich zurückkehrte. Ich war gebunden – und es war eine Bindung, die ich in Ehren zu halten hatte. Je deutlicher das Gesicht zu sehen war, desto klarer wurde mir dies. Und je näher ich kam, desto besser erkannte ich das Gesicht.

Es war das Gesicht eines kleinen Jungen.

23

Letzte Nacht, erster Morgen

Bevor Holley sich mit Dr. Wade zusammensetzte, bat sie Bond, vor der Tür zu warten, damit er nicht mit anhören musste, was, wie sie fürchtete, sehr schlechte Nachrichten sein würden. Doch Bond, der das spürte, blieb ganz in der Nähe der Tür und bekam ein paar von Dr. Wades Worten mit. Genug jedenfalls, um zu verstehen, was wirklich los war: dass sein Vater nicht zurückkommen würde. Nie wieder.

Bond rannte in mein Zimmer und zu meinem Bett. Schluchzend küsste er meine Stirn und rieb meine Schultern. Dann zog er meine Augenlider hoch und sagte direkt in meine leeren, unkoordinierten Augen: »Du wirst wieder gesund, Papa. Du wirst wieder gesund.« Diesen Satz wiederholte er immer und immer wieder in dem kindlichen Glauben, dass er, wenn er ihn nur oft genug sagte, wahr werden würde.

Währenddessen starrte Holley in einem anderen Zimmer am Ende des Ganges vor sich hin und versuchte, Dr. Wades Worte in sich aufzunehmen, so gut sie konnte. Schließlich sagte sie:

»Ich denke mal, das heißt, ich sollte Eben im College anrufen und ihn wieder herkommen lassen.«

Dr. Wade dachte nicht lange über diese Frage nach.

»Ja, ich denke, das wäre das Richtige.«

Holley ging zu dem riesigen Panoramafenster des Konferenzraumes, durch das man die von Sturm und Regen feuchten, aber heller werdenden Berge von Virginia sehen konnte, nahm ihr Handy heraus und wählte Ebens Nummer.

In diesem Moment erhob sich Sylvia von ihrem Stuhl.

»Warte eine Minute, Holley«, sagte sie. »Ich möchte nur noch einmal dort hineingehen.«

Sylvia ging in mein Krankenzimmer und stellte sich neben Bond, der immer noch an meinem Bett saß und still meine Hand drückte. Sylvia legte ihren Arm auf meinen und streichelte ihn sacht. Wie immer in dieser Woche war mein Kopf ein wenig zu einer Seite gewandt. Seit einer Woche hatten alle *auf* mein Gesicht geschaut, mir aber nicht wirklich ins Gesicht gesehen. Meine Augen waren nur offen, wenn die Ärzte prüften, ob sich meine Pupillen als Reaktion auf einen unterschiedlichen Lichteinfall zusammenzogen und erweiterten (eine der einfachsten und effektivsten Möglichkeiten, die Funktion des Stammhirns zu überprüfen), oder wenn Holley und Bond gegen die wiederholten Anweisungen der Ärzte darauf bestanden hatten, das Gleiche zu tun, um dann in zwei Augen zu schauen, die tot und unkoordiniert vor sich hin starrten, schief wie die einer zerbrochenen Puppe.

Doch als Sylvia und Bond, die sich standhaft weigerten zu akzeptieren, was sie gerade von dem Arzt gehört hatten, jetzt in mein schlaffes Gesicht schauten, passierte etwas: Ich schlug die Augen auf.

Sylvia schrie laut auf. Später erzählte sie mir, der zweitgrößte Schreck, der fast so groß gewesen sei wie die Tatsache, dass ich die Augen geöffnet hatte, sei die Art gewesen, wie ich mich sofort umgeschaut hatte: nach oben, nach unten, hierhin, dorthin ... Es erinnerte sie nicht an einen Erwachsenen, der aus einem siebentägigen Koma erwacht, sondern an ein Kleinkind – an jemanden, der neu in diese Welt geboren wird, sich umschaut und alles aufnimmt, als sähe er es zum ersten Mal.

In gewisser Weise hatte sie recht.

Sylvia erholte sich von ihrem ersten mächtigen Schock und merkte, dass ich mich über irgendetwas aufregte. Sie rannte aus dem Krankenzimmer in den Raum, in dem Holley immer noch am Fenster stand und mit Eben IV. telefonierte.

»Holley ... Holley!«, rief Sylvia. »Er ist wach. Wach! Sag Eben, dass sein Vater gerade zurückkommt.«

Holley starrte Sylvia an. »Eben«, sagte sie ins Telefon, »ich rufe dich später wieder an. Er ... dein Vater kommt zurück ... ins Leben.«

Holley ging erst, dann rannte sie zur Intensivstation und Dr. Wade gleich hinter ihr. Ich zappelte tatsächlich im Bett herum. Nicht mechanisch, sondern weil ich bei Bewusstsein war und mich irgendetwas störte. Dr. Wade wusste sofort, was es war. Der Atemschlauch steckte immer noch in meiner Kehle. Der Schlauch, den ich nicht mehr brauchte, weil mein Gehirn zusammen mit dem Rest meines Körpers soeben ins Leben zurückgekehrt war. Er streckte die Hand aus, schnitt das Pflaster durch, mit dem der Schlauch befestigt war, und zog ihn vorsichtig heraus.

Ich würgte ein bisschen, atmete zum ersten Mal seit sieben Tagen vollkommen ohne Hilfsmittel eine Lunge voll Luft ein und sprach das erste Wort seit einer Woche:

»Danke.«

Als sie aus dem Aufzug stieg und Mutter in einem Rollstuhl vor sich her schob, dachte Phyllis immer noch über den Regenbogen nach, den sie gerade gesehen hatte. Als sie in mein Zimmer kamen, wäre Phyllis fast in Ohnmacht gefallen, weil sie nicht glauben konnte, was sie sah. Ich saß aufrecht in meinem Bett und sah sie an. Betsy hüpfte auf und ab und umarmte Phyllis. Beide waren in Tränen aufgelöst. Phyllis kam näher und schaute mir tief in die Augen. Ich erwiderte ihren Blick und sah mich dann nach allen anderen um.

Während sich meine liebevolle Familie und meine Pflegekräfte um mein Bett versammelten, alle noch vollkommen sprachlos angesichts dieser unerklärlichen Wendung, hatte ich ein friedliches, freudiges Lächeln auf den Lippen.

»Alles ist gut«, sagte ich, wobei ich diese selige Botschaft eher ausstrahlte, als sie in Worte zu fassen. Ich schaute alle einzeln an, und in meinem Blick lag eine tiefe Würdigung des göttlichen Wunders unserer Existenz. »Keine Angst, … alles ist gut«, wiederholte ich, um jeden Zweifel zu zerstreuen. Phyllis erzählte mir später, es sei gewesen, als habe ich eine wichtige Botschaft aus dem Jenseits vermittelt, die besagte, dass die Welt genau so sei, wie sie sein solle, und dass wir nichts zu fürchten hätten. Sie meinte, dass sie sich an diesen Moment erinnere, wenn sie sich über irgendeine irdische Angelegenheit beunruhige, und dass sie dann Trost in der Gewissheit finde, dass wir niemals allein sind.

Als ich schließlich so eine Art Bestandsaufnahme meiner

Umgebung gemacht hatte, schien ich in mein alltäglich irdisches Dasein zurückzukehren.

»Was macht ihr hier?«, fragte ich alle, die sich um mich
versammelt hatten.

Worauf Phyllis zurückfragte: »Was machst *du* hier?«

24

Die Rückkehr

Bond hatte sich vorgestellt, sein Vater würde als ganz der Alte aufwachen, sich umschauen und sich dann nur ein wenig darüber informieren müssen, was passiert war, bevor er seine Rolle als der Vater, den er immer gekannt hatte, wiederaufnahm.

Er fand jedoch schon bald heraus, dass es nicht ganz so einfach war. Dr. Wade warnte Bond vor zwei Dingen: Erstens sollte er sich nicht darauf verlassen, dass ich mich an etwas erinnern könne, was ich gesagt hatte, als ich aus dem Koma aufwachte. Er erklärte ihm, dass der Prozess des Erinnerns für das Gehirn eine enorme Anstrengung bedeute und dass sich mein Gehirn noch nicht genug erholt habe, um schon wieder auf einem anspruchsvollen Niveau arbeiten zu können. Zweitens solle er sich nicht allzu große Sorgen wegen der Dinge machen, die ich in diesen Tagen sagte, denn vieles davon würde wohl ziemlich verrückt klingen.

Beide Vorhersagen sollten sich als richtig erweisen.

An diesem ersten Morgen nach meiner Rückkehr zeigte mir Bond stolz die Zeichnung von den weißen Blutkörperchen im Kampf gegen die *E.-coli*-Bakterien, die er mit Eben IV. angefertigt hatte.

»Wow, ganz toll«, sagte ich.

Bond glühte vor Stolz und Aufregung.

Dann fuhr ich fort: »Wie sind die Bedingungen da draußen? Was sagen die Sichtanzeigen? Los, beweg dich. Ich mache mich fertig zum Absprung!«

Bonds Mundwinkel fielen herab. Es braucht wohl nicht gesagt zu werden, dass das nicht die vollkommene Rückkehr war, die er sich erhofft hatte. Ich hatte wilde Wahnvorstellungen und durchlebte einige der aufregendsten Momente meines Lebens auf höchst intensive Weise noch einmal.

In meiner Vorstellung war ich kurz davor, mit dem Fallschirm aus einer DC3 in fast fünf Kilometer Höhe abzuspringen, und ich war der letzte Mann, meine Lieblingsposition. Es war das größtmögliche Flugerlebnis für meinen Körper.

Als ich in das strahlende Sonnenlicht vor der Flugzeugtür sprang, nahm ich (in meiner Erinnerung) sofort mit den Armen auf dem Rücken die Haltung für einen Kopfsprung ein und fühlte das vertraute Flattern und Stoßen, als ich unter den Propellerstrahl fiel und von unten beobachtete, wie der Bauch des riesigen silbernen Flugzeugs himmelwärts schoss, wobei sich die riesigen Propeller in Zeitlupe drehten und sich Erde und Wolken an der Unterseite des Flugzeugs spiegelten. Ich dachte über den Anblick der wie vor einer Landung ausgefahrenen Landeklappen und Räder nach, der ungewohnt war, weil wir immer noch hoch über dem Boden flogen (und noch dazu sehr langsam, um den Windschock für die aussteigenden Springer zu minimieren).

Ich presste die Arme eng an den Körper, um im Kopfsprung zügig auf über 350 Kilometer pro Stunde zu beschleunigen. Ich hatte nicht mehr als meinen blau gesprenkelten Helm und meine Schultern gegen die dünne Luft hier oben, um der Anziehungskraft des riesigen Planten unter mir zu widerstehen, auf den ich mich mit einer Geschwindigkeit von mehr als der Länge eines Fußballfeldes pro Sekunde zubewegte, und der Wind rauschte wütend und mit dreifacher Hurrikan-Geschwindigkeit an mir vorbei, lauter als irgendetwas, was ich jemals gehört hatte.

Ich schoss zwischen den Gipfeln zweier riesiger, aufgeblähter weißer Wolkenberge in den hellen Abgrund hinab, die grüne Erde und das funkelnde blaue Meer tief unter mir, in meinem wilden, erregenden Sturzflug zu meinen Freunden, die in ihrer bunten Schneeflockenformation erst kaum zu sehen waren, aber dann mit jeder Sekunde größer wurden, während andere Springer sich ihnen anschlossen – weit, weit unten …

Ich schnellte zwischen meiner Gegenwart auf der Intensivstation und meiner jenseitigen, von Adrenalin befeuerten Wahnvorstellung eines großartigen Fallschirmsprungs, zwischen verrückt und vernünftig hin und her.

Zwei Tage lang plapperte ich mit allen, die zuhörten, über Fallschirmspringen, Flugzeuge und das Internet. Während mein physisches Gehirn allmählich seine Orientierung wiederfand, betrat ich ein seltsames und anstrengend paranoides Universum. Ich war wie besessen von einem hässlichen Hintergrund aus »Internet-Nachrichten«, die auftauchten, sobald ich meine Augen schloss, und die manchmal an der Zimmerdecke erschienen, wenn meine Augen geöffnet waren. Wenn ich meine Augen schloss, hörte ich knirschende, monotone, alles andere als melodische Gesänge – Klänge, die in der Regel nicht mehr zu hören waren, wenn ich die Augen wieder aufschlug. Ich hielt die ganze Zeit wie E.T. meinen Finger in die Luft und versuchte, die Internetticker auf Russisch und Chinesisch an mir vorbeizulenken.

Kurz, ich war ein bisschen wahnsinnig.

Es war alles ein wenig wie im Reich der Regenwurmperspektive, nur beklemmender, denn was ich hörte und sah, war mit den Insignien meiner menschlichen Vergangenheit versehen (ich erkannte meine Familienangehörigen, selbst wenn mir, wie in Holleys Fall, ihre Namen nicht mehr einfielen). Aber gleichzeitig fehlten die erstaunliche Klarheit, die lebendige Fülle und Vielfalt – die Ultra-Realität – des Übergangs und des Zentrums völlig. Ich war eindeutig zurück in meinem Gehirn.

Obwohl ich, nachdem ich meine Augen wieder geöffnet hatte, zunächst scheinbar vollkommen klar gewesen war, hatte ich bald keinerlei Erinnerung an mein menschliches Leben vor dem Koma mehr. Ich konnte mich nur daran erinnern, wo ich gerade gewesen war: an das grobe, hässliche Reich der Regenwurmperspektive, den idyllischen Übergang und das Ehrfurcht gebietende himmlische Zentrum. Mein Bewusstsein, mein wahres Selbst bahnte sich seinen Weg zurück in den viel zu engen und einschränkenden Anzug der physischen Existenz mit seinen raum-zeitlichen Grenzen, seinem linearen Denken und seiner Beschränkung auf die verbale Kommunikation – Dinge, die ich bis vor einer Woche für den einzigen Existenzmodus gehalten hatte, die sich jetzt aber als außerordentlich sperrige Einschränkungen erwiesen.

Das physische Leben ist durch eine Abwehrhaltung gekennzeichnet, während das spirituelle Leben genau das Gegenteil bedeutet. Das ist meine einzige Erklärung dafür, dass meine Rückkehr ins physische Leben einen derart stark paranoiden Zug hatte. Eine Zeit lang war ich davon überzeugt, dass mich Holley (deren Name mir immer noch nicht einfiel, die ich aber irgendwie als meine Frau erkannte) und meine Ärzte umzubringen versuchten. Ich hatte weitere Träume und Fantasien vom Fliegen und Fallschirmspringen; manche von ihnen waren extrem lang und komplex. In der längsten, intensivsten und geradezu lächerlich detaillierten Fantasie fand ich mich in Südflorida wieder, in einer Krebsklinik mit Außenrolltreppen, wo ich von Holley und zwei Polizisten sowie von zwei asiatischen Ninja-Fotografen auf Kabelrollen verfolgt wurde.

Ich machte in der Tat etwas durch, was als ICU-Psychose (ICU = Intensive Care Unit) oder Intensivstationspsychose bekannt ist. Bei Patienten, deren Gehirnfunktionen allmählich zurückkehren, nachdem sie lange inaktiv waren, ist eine solche Psychose normal und durchaus zu erwarten. Ich hatte sie schon oft gesehen, aber noch nie von innen erlebt. Und von innen war es wirklich etwas ganz, ganz anderes.

Im Rückblick ist das Interessanteste an diesen Albträumen und paranoiden Vorstellungen, dass sie in Wirklichkeit alle nur eines waren: Fantasien. Einzelne – besonders der ausgedehnte Süd-Florida-Ninja-Albtraum – waren extrem intensiv und sogar richtig beängstigend. Aber in der Rückschau – fast unmittelbar nachdem diese Phase zu Ende war – wurde alles klar als das erkennbar, was es war: etwas, was sich mein bedrängtes Gehirn zusammenkochte, während es versuchte, sich wieder zurechtzufinden. Manche der Träume, die ich in dieser Phase hatte, waren überwältigend und beängstigend lebendig. Doch letztlich verdeutlichten sie nur, wie völlig anders mein Traumzustand im Vergleich zu der Ultra-Realität war, die ich im tiefen Koma erlebt hatte.

Was die Raketen-, Flugzeuge- und Fallschirmspringer-Themen angeht, die ich mir so konsequent ausgemalt hatte, so waren sie, wie ich später erkannte, von ihrer Symbolik her durchaus stimmig. Denn Tatsache war, dass ich mich mitten in einem gefährlichen Wiedereintritt von einem weit entfernten Ort in die zeitweilig verwaiste, jetzt aber wieder funktionsfähige Raumstation meines Gehirns befand. Es gab eigentlich kaum eine bessere irdische Analogie zu dem, was mir in der ersten Woche nach meinem Erwachen aus dem Koma passierte, als das Starten und Landen einer Rakete.

25

Noch nicht wieder da

Bond war nicht der Einzige, dem es schwerfiel, die ausgesprochen verrückte Person zu akzeptieren, die ich in der ersten Zeit nach meiner Rückkehr war. An dem Tag, nachdem ich das Bewusstsein wiedererlangt hatte, – Montag – rief Phyllis Eben IV. per Skype an.

»Eben, hier ist dein Vater«, sagte sie und richtete die Videokamera auf mich.

»Hi, Papa! Wie geht's?«, fragte er fröhlich.

Eine Minute lang grinste ich nur und starrte auf den Computer-Bildschirm. Als ich schließlich sprach, war Eben niedergeschmettert. Ich sprach schmerzlich langsam, und meine Worte ergaben wenig Sinn. Eben erzählte mir später: »Du hast dich wie ein Zombie angehört – wie jemand auf einem schlechten LSD-Trip.« Leider hatte ihn niemand vor der Möglichkeit einer ICU-Psychose gewarnt.

Allmählich ebbte meine Paranoia ab. Meine Gedanken und meine Unterhaltungen wurden klarer. Zwei Tage nach meinem Erwachen wurde ich auf die Neurologische Stepdown-Station verlegt. Die Schwestern dort stellten für Phyllis und Betsy Feldbetten auf, sodass sie in meiner Nähe schlafen konnten. Ich vertraute niemandem außer diesen beiden. Bei ihnen fühlte ich mich in meiner neuen Realität sicher.

Das einzige Problem war, dass ich nicht schlief. Ich hielt die beiden die ganze Nacht mit allem möglichen Gerede über das Internet, Raumstationen, russische Doppelagenten und ähnlichen Unsinn wach. Phyllis versuchte, die Schwestern davon zu überzeugen, dass ich Husten hatte, weil sie hoffte, ein wenig Hustensaft würde es mir ermöglichen, etwa eine Stunde am Stück durchzuschlafen. Ich war wie ein Neugeborenes ohne festen Schlafrhythmus.

In meinen ruhigeren Momenten halfen Phyllis und Betsy, mich allmählich wieder auf die Erde zurück zu ziehen. Sie erinnerten sich an alle möglichen Geschichten aus unserer Kindheit, und obwohl es mir im Großen und Ganzen so vorkam, als hörte ich sie zum ersten Mal, war ich fasziniert davon. Je mehr meine Schwestern erzählten, desto mehr begann etwas Wichtiges in meinem Inneren aufzuglimmen: die Erkenntnis, dass ich in Wirklichkeit an diesen Ereignissen selbst beteiligt gewesen war.

Beide Schwestern erzählten mir später, dass der Bruder, den sie gekannt hatten, sehr schnell wieder durch den dichten Nebel des paranoiden Geplappers sichtbar wurde.

»Es war unglaublich«, erzählte mir Betsy später. »Du warst gerade aus dem Koma erwacht und dir überhaupt noch nicht ganz klar darüber, wo du warst oder was eigentlich los war. Du hast die halbe Zeit über alle möglichen verrückten Dinge gesprochen, und trotzdem war dein Sinn für Humor vorhanden. Das warst ganz offensichtlich *du*. Du warst wieder da!«

»Als eine deiner ersten Aktionen hast du dir einen Spaß daraus gemacht, dich selbst zu füttern«, berichtete mir Phyllis später. »Wir waren bereit, dich Löffel für Löffel zu füttern, wie lange es auch dauern mochte. Doch davon wolltest du nichts wissen. Du warst fest entschlossen, dir die orangefarbene Götterspeise selbst in den Mund zu schaufeln.«

Als die vorübergehend stillgelegten Motoren in meinem Gehirn allmählich wieder ansprangen, beobachtete ich mich selbst, wie ich Dinge sagte oder tat, und staunte nicht schlecht: Wo ist *das* denn jetzt hergekommen? Schon ziemlich früh kam mich Jackie, eine Freundin aus Lynchburg, besuchen. Holley und ich kannten Jackie und ihren Mann Ron sehr gut, denn wir hatten unser Haus von ihnen gekauft. Unwillkürlich sprangen meine tief verwurzelten südstaatlichen Umgangsformen an. Als ich Jackie sah, fragte ich sofort: »Wie geht's Ron?«

Ein paar Tage später führte ich gelegentlich richtig klare Gespräche mit meinen Besuchern. Und wieder war es faszinierend zu beobachten, wie viele von diesen Verbindungen automatisch zustande kamen und nicht viel Aufwand meinerseits erforderten. Wie ein Jet auf Autopilot war mein Gehirn in der Lage, diese zunehmend vertrauten Landschaften der menschlichen Erfahrung zu bewältigen. Mir wurde sozusagen aus erster Hand eine Wahrheit demonstriert, die mir als Neurochirurg wohlbekannt gewesen war: Das Gehirn ist ein wirklich wunderbarer Mechanismus.

Die unausgesprochene Frage, die jeder im Kopf hatte (einschließlich meiner selbst in meinen etwas klareren Momenten), war natürlich: Wie gut würde ich mich erholen? Würde ich wirklich ganz gesund werden, oder hatte *E. coli* zumindest einen Teil des Schadens angerichtet, dessen sich alle Ärzte so sicher waren? Dieses tägliche Warten zehrte an allen, besonders an Holley, die fürchtete, die wunderbaren Fortschritte könnten plötzlich zum Stillstand kommen, und sie würde vielleicht mit nur einem Teil von »mir«, dem Mann, den sie gekannt hatte, dasitzen.

Doch Tag für Tag kam immer mehr von diesem »Ich« zurück. Sprache. Erinnerungen. Wiedererkennen. Eine gewisse boshafte Ader, für die ich immer bekannt gewesen war, kam ebenfalls zurück. Während meine Schwestern erfreut zur Kenntnis nahmen, dass mein Sinn für Humor allmählich wieder auftauchte, waren sie nicht immer begeistert davon, wie ich ihn einzusetzen beliebte. Am Montagnachmittag legte mir Phyllis die Hand auf die Stirn, und ich zuckte zurück.

»Autsch«, schrie ich. »Das tut weh!«

Und dann, nachdem ich mich über den erschrockenen Gesichtsausdruck aller amüsiert hatte, sagte ich: »War nur Spaß.«

Alle waren überrascht, wie schnell meine Genesung voranschritt – außer mir. Ich hatte bisher noch keine wirkliche Ahnung davon, wie nah ich dem Tod gewesen war. Als Familienangehörige und Freunde einer nach dem anderen in ihr alltägliches Leben zurückkehrten, wünschte ich ihnen alles Gute und verblieb in seliger Ahnungslosigkeit bezüglich der Tragödie, die gerade noch abgewendet worden war. Ich war so überschwänglich, dass einer der Neurologen, der meine Eignung für einen Reha-Platz prüfte, steif und fest behauptete, ich sei »zu euphorisch« und leide vermutlich unter einer Schädigung des Gehirns. Dieser Arzt trug, genau wie ich, regelmäßig eine Fliege, und ich rächte mich für seine Diagnose, indem ich, nachdem er gegangen war, zu meinen Schwestern sagte, er sei »für einen Fliegen-Fan eigenartig emotionslos«.

Schon damals wusste ich etwas, was immer mehr Menschen um mich herum ebenfalls erkennen sollten. Welche Ansichten die Ärzte auch vertreten mochten, ich war nicht krank und hatte auch keinen Hirnschaden. Ich war vollkommen gesund.

Mir ging es in der Tat zum ersten Mal in meinem ganzen Leben wirklich »gut«, auch wenn ich zu diesem Zeitpunkt der Einzige war, der das wusste.

26

Die Nachricht verbreitet sich

»Wirklich gut« – selbst wenn mir noch einiges zu tun blieb, zumindest was die Hardware-Seite der Dinge anbelangte. Ein paar Tage nachdem ich in eine Rehaklinik übergewechselt war, rief ich Eben IV. in der Hochschule an. Er erwähnte, dass er gerade an einem Referat für einen seiner Kurse in Neurowissenschaft schrieb. Ich erklärte mich bereit, ihm zu helfen, bereute es aber gleich wieder. Es fiel mir sehr viel schwerer, mich auf das Thema zu konzentrieren, als ich erwartet hatte, und die Fachterminologie, von der ich geglaubt hatte, sie sei ganz wieder da, wollte mir plötzlich nicht mehr einfallen.

Es war ein Schock für mich zu erkennen, welchen Weg ich noch vor mir hatte. Aber Stück für Stück kam auch dieser Teil von mir zurück. Eines Morgens wachte ich auf und sah mich wieder im Besitz ganzer Kontinente des wissenschaftlichen und medizinischen Wissens, die mir am Tag zuvor noch nicht wieder zur Verfügung gestanden hatten. Das war einer der seltsamsten Aspekte meiner Erfahrung: eines Morgens die Augen zu öffnen und wieder über die praktischen Grundlagen zu verfügen, die ich mir im Laufe meines lebenslangen Lernens und durch meine Erfahrungen im Beruf erworben hatte.

Während mein neurologisches Wissen langsam und zaghaft zurückgekrochen kam, rückten meine Erinnerungen an das, was in jener Woche außerhalb meines Körpers passiert war, mit erstaunlicher Kühnheit und Klarheit in mein Blickfeld. Was außerhalb des irdischen Bereichs passiert war, hatte sehr viel mit dem wilden Glück zu tun, mit dem ich aus dem Koma aufgewacht war, und mit der Glückseligkeit, die mir auch weiterhin erhalten blieb. Ich war überglücklich, weil ich wieder bei den Menschen war, die ich liebte. Aber ich war auch glücklich, weil ich – um es so klar zu sagen, wie es mir möglich ist – zum ersten Mal verstand, wer ich wirklich war und in was für einer Welt wir leben.

Ich war wild entschlossen und naiv genug, diese Erfahrungen mit anderen zu teilen, besonders mit meinen Arztkollegen. Immerhin änderte das, was ich erlebt hatte, meine lang gehegten Überzeugungen davon, was das Gehirn und das Bewusstsein sind, und sogar, was das Leben bedeutet – und was nicht. Konnte es jemanden geben, der nicht begierig darauf war, etwas über meine Entdeckungen zu hören?

Ziemlich viele, wie sich herausstellte. Ganz besonders die Ärzte.

Machen Sie nicht den Fehler zu denken, meine Ärzte hätten sich nicht sehr für mich gefreut. »Das ist wunderbar, Eben«, sagten sie und wiederholten mehr oder weniger meine eigene Reaktion auf zahllose Patienten, die in der Vergangenheit versucht hatten, mir von den jenseitigen Erlebnissen zu erzählen, die sie während einer Operation gehabt hatten. »Sie waren sehr krank. Ihr Gehirn war regelrecht von Eiter durchtränkt. Wir können kaum glauben, dass Sie überhaupt noch hier sind und darüber sprechen.

Sie wissen selbst, was das Gehirn alles erfinden kann, wenn die Krankheit so weit fortgeschritten ist.«

Kurzum, sie konnten nicht wirklich begreifen, was ich ihnen so verzweifelt mitzuteilen versuchte. Doch wie konnte ich es ihnen verdenken? Immerhin hätte ich es sicher auch nicht verstanden – *vorher.*

27

Wieder zu Hause

Zwei Tage vor Thanksgiving, am 25. November 2008, kam ich endlich wieder nach Hause zurück – in ein von Dankbarkeit erfülltes Haus. Eben IV. fuhr die Nacht durch, um mich am nächsten Morgen zu überraschen. Das letzte Mal, als er bei mir gewesen war, hatte ich im Vollkoma gelegen, und er war immer noch dabei, die Tatsache zu verarbeiten, dass ich überhaupt noch am Leben war. Er war so aufgeregt, dass er knapp nördlich von Lynchburg, in Nelson County, einen Strafzettel wegen zu schnellen Fahrens bekam.

Ich war schon seit Stunden wach und saß in meinem Sessel am Kamin unseres gemütlichen, holzgetäfelten Arbeitszimmers. Mir ging durch den Kopf, was ich in letzter Zeit alles durchgemacht hatte. Eben kam kurz nach sechs Uhr morgens zur Tür herein. Ich stand auf und umarmte ihn lange. Er war verblüfft. Als er mich das letzte Mal über Skype im Krankenhaus gesehen hatte, war ich kaum in der Lage gewesen, einen vollständigen Satz zu bilden. Nun war ich alles andere als schwach und dünn und hatte auch keinen Infusionsschlauch mehr im Arm. Ich war wieder ganz in der Lieblingsrolle meines Lebens: Vater von Eben und Bond zu sein.

Nun, ich war *fast* wieder der Alte. Auch Eben fiel auf, dass irgendetwas an mir anders war. Später erzählte er, er sei, als er mich an diesem Tag zum ersten Mal gesehen habe, sofort sehr angetan davon gewesen, wie »präsent« ich gewesen sei.

»Du warst so klar, so fokussiert«, sagte er. »Es war, als leuchte eine Art Licht in deinem Inneren.«

Ich verschwendete keine Zeit und teilte ihm meine Gedanken mit.

»Ich brenne darauf, alles darüber zu lesen, was ich bekommen kann«, erzählte ich ihm. »Es war alles so real, Eben, fast *zu* real, um wirklich zu sein, falls das einen Sinn ergibt. Ich möchte darüber schreiben – für andere Neurowissenschaftler. Und ich will mir Kenntnisse über Nahtoderlebnisse anlesen und darüber, was andere Menschen erlebt haben. Ich kann es einfach nicht fassen, dass ich nie richtig zugehört habe, wenn mir meine eigenen Patienten davon erzählten und dass ich nie etwas davon ernst genommen habe. Ich war noch nicht einmal neugierig genug, einen Blick in die einschlägige Literatur zu werfen.«

Eben sagte zunächst nichts dazu, aber es war klar, dass er darüber nachdachte, welchen Rat er seinem Vater am besten geben sollte. Er setzte sich mir gegenüber hin und bat mich eindringlich zu sehen, was eigentlich offensichtlich sein sollte.

»Ich glaube dir, Papa«, sagte er. »Aber denk mal darüber nach. Wenn du willst, dass dies einen Wert für andere haben soll, ist lesen, was andere Menschen darüber gesagt haben, das Letzte, was du tun solltest.«

»Was also sollte ich tun?«, fragte ich.

»Schreib es auf. Schreib alles auf, all deine Erinnerungen, und zwar so genau, wie sie dir im Gedächtnis geblieben sind.

Aber lies keine Bücher oder Artikel über die Nahtoderlebnisse anderer Leute oder über Physik oder Kosmologie. Nicht bevor du aufgeschrieben hast, was dir widerfahren ist. Sprich auch nicht mit Mom oder irgendjemand anderem darüber, was passiert ist, während du im Koma gelegen hast – zumindest, so weit du es vermeiden kannst. Später kannst du das alles tun, wenn du das willst, oder? Denk daran, dass du immer zu mir gesagt hast, dass zuerst die Beobachtungen kommen und erst *dann* die Interpretationen. Wenn du willst, dass das, was du erlebt hast, von wissenschaftlichem Wert ist, musst du es so rein und genau niederschreiben, wie du kannst, und zwar *bevor* du anfängst, es mit irgendetwas zu vergleichen, was anderen passiert ist.«

Das war vielleicht der klügste Rat, den mir jemals irgendwer gegeben hat – und ich befolgte ihn. Eben hatte auch darin recht: Was ich wirklich mehr wollte als irgendetwas anderes, war, meine Erfahrungen zu nutzen, um – hoffentlich – anderen damit zu helfen. Je mehr von meinem wissenschaftlichen Denken zurückkehrte, desto deutlicher sah ich, in welch radikalem Gegensatz das, was ich in Jahrzehnten der akademischen Ausbildung und der medizinischen Praxis gelernt hatte, zu dem stand, was ich im Koma erlebt hatte, und desto mehr verstand ich, dass das Bewusstsein und die Persönlichkeit (unsere Seele oder unser Geist, wie manche es nennen würden) über den Körper hinaus existieren. Ich musste der Welt meine Geschichte erzählen.

Ungefähr die nächsten sechs Wochen liefen meine Tage mehr oder weniger gleich ab. Ich wachte zwischen 2.00 und 2.30 Uhr morgens auf und fühlte mich – nur weil ich am

Leben war – gleich so ekstatisch und energiegeladen, dass ich aus dem Bett sprang. Ich machte das Feuer im Kamin im Arbeitszimmer an, setzte mich in meinen alten Ledersessel und fing an zu schreiben. Ich versuchte, mich an jede Einzelheit meiner Reisen in das Zentrum und aus dem Zentrum hinaus zu erinnern und daran, was ich empfunden hatte, als ich die vielen, mein Leben verändernden Lektionen dabei lernte.

Versuchte ist allerdings nicht wirklich das richtige Wort. Die Erinnerungen waren klar und deutlich da, wo ich sie zurückgelassen hatte.

Das Ultra-Reale

Man kann sich auf zwei Arten irren. Indem man glaubt,
was nicht wahr ist. Oder indem man sich weigert zu glauben,
was wahr ist.

Søren Kierkegaard (1813–1855)

In allen meinen Niederschriften tauchte ein Wort immer
und immer wieder auf: *real.*

Vor meinem Koma war mir nie aufgefallen, wie trüge-
risch dieses Wort sein kann. Sowohl an der Medizinischen
Hochschule als auch in der Schule des gesunden Men-
schenverstands, die man Leben nennt, war mir beige-
bracht worden, dass etwas entweder real ist (ein Autoun-
fall, ein Football-Spiel, ein belegtes Brot auf dem Tisch
vor einem) oder eben nicht. In meinen Jahren als Neurochirurg war ich vielen Menschen begegnet, die an Halluzinationen litten. Ich glaubte zu wissen, wie absolut erschreckend nicht reale Phänomene für diejenigen sein
können, die sie erleben. Und in den wenigen Tagen meiner ICU-Psychose hatte ich selbst Gelegenheit, ein paar
beeindruckend realistische Albträume zu erleben. Sobald
sie jedoch vorüber waren, erkannte ich diese Albträume
sehr schnell als die Wahnvorstellungen, die sie waren: vom
Gehirn, das sich alle Mühe gab, seine Funktion wieder

aufzunehmen, durch Verschaltungen erzeugte neuronale Trugbilder.

Während ich im Koma lag, hatte mein Gehirn aber nicht nur unzureichend gearbeitet. *Es hatte überhaupt nicht gearbeitet.* Der Teil meines Gehirns, der, wie ich in den Jahren an der Medizinischen Hochschule gelernt hatte, für den inneren Aufbau der Welt verantwortlich war, in der ich lebte und mich bewegte, und dafür, dass ich die Rohdaten, die über meine Sinnesorgane hereinkamen, zu einem sinnvollen Universum zusammensetzen konnte, dieser Teil meines Gehirns war am Ende. Und dennoch war ich am Leben und bei Bewusstsein, *wirklich bei Bewusstsein* in einem Universum, das vor allem von Liebe, Bewusstheit und Realität geprägt war. (Da war es wieder, dieses Wort.) Diese Tatsache war für mich einfach unbestreitbar. Ich wusste es so unzweifelhaft, dass es wehtat.

Was ich erlebt hatte, war realer als das Haus, in dem ich saß, oder die Holzscheite, die im Kamin brannten. Doch das medizinisch-wissenschaftlich geprägte Weltbild, für dessen Erwerb ich viele Jahre gebraucht hatte, ließ keinen Platz für diese Realität.

Wie konnte ich genug Raum schaffen, sodass diese beiden Realitäten koexistieren konnten?

Eine häufig gemachte Erfahrung

Endlich kam der Tag, an dem ich alles niedergeschrieben hatte, was ich konnte, auch die letzten Erinnerungen an das Reich der Regenwurmperspektive, den Übergang und das Zentrum.

Dann war es an der Zeit zu lesen. Ich stürzte mich in das Meer der Literatur über Nahtoderlebnisse – ein Meer, in das ich vorher noch nicht einmal einen Zeh getaucht hatte. Ich brauchte nicht lange, um zu erkennen, dass zahllose andere Menschen die gleichen Dinge erlebt hatten wie ich, und zwar sowohl in den letzten Jahren als auch in früheren Jahrhunderten. Die Nahtoderlebnisse sind nicht alle gleich. Jedes ist einzigartig, aber immer und immer wieder tauchen dieselben Elemente auf, und viele davon kannte ich aus meiner eigenen Erfahrung. Die Berichte vom Gang durch einen dunklen Tunnel oder ein Tal in eine helle, lebendige, ultra-reale Landschaft sind so alt wie das antike Griechenland und Ägypten. Die Schilderung von Engelwesen – manchmal mit Flügeln, manchmal ohne – lassen sich mindestens bis in den alten Orient zurückverfolgen, und ebenso die Überzeugung, dass solche Wesen Wächter sind, die über die Aktivitäten der Menschen auf Erden wachen und sie empfangen, wenn sie die Erde hinter sich lassen. Das Gefühl, in alle Richtungen gleichzeitig sehen zu können und über der lineare Zeit zu stehen, ja, über *allem,* was für mich zuvor die Landschaft des menschlichen Lebens definiert hatte; das Hören von choralartiger Musik, die einen ganz und gar durchdringt und nicht nur von den Ohren aufgenommen wird; das unmittelbare und absolut mühelose Begreifen von Konzeptionen, für deren Verständnis normalerweise sehr viel Zeit und entsprechend umfangreiche Studien nötig gewesen wären, und schließlich das Spüren der Intensität einer bedingungslosen Liebe …

Immer wieder gewann ich beim Lesen der jüngeren Berichte über Nahtoderlebnisse und der spirituellen Schriften aus früheren Zeiten den Eindruck, dass der jeweilige Erzähler mit den Beschränkungen der irdischen Sprache zu kämpfen hatte, wenn er versuchte, den Fisch, den er an Bord des Schiffs der menschlichen Sprache und Ideen gezogen hatte, in seiner Ganzheit zu erfassen … und dabei immer mehr oder weniger scheiterte.

Und doch, in jedem frustrierend fehlgeschlagenen Versuch, das jeweils angestrebte Ziel, Sprache und Ideen ganz fein auszusieben, um dem Leser diese Ungeheuerlichkeit zu vermitteln, verstand ich das Ziel der Erzähler und was sie uns Lesern von all dieser grenzenlosen Erhabenheit zu vermitteln hofften, aber einfach nicht konnten.

Ja, ja, ja!, dachte ich, während ich las. *Ich verstehe.*

Diese Bücher und dieses ganze Material waren natürlich auch schon vor meiner Erfahrung dagewesen, aber ich hatte nie hingeschaut. Nicht nur, dass ich nichts davon gelesen hatte, ich hatte es auch sonst nicht an mich herangelassen. Ich war ganz einfach nie offen für die Vorstellung gewesen, es könne wirklich etwas an dem Gedanken dran sein, dass etwas von uns den Tod des Körpers überlebt. Ich war der Inbegriff des freundlichen, doch skeptischen Arztes. Und als solcher kann ich Ihnen sagen, dass die meisten Skeptiker überhaupt keine Skeptiker sind. Um ein echter Skeptiker zu sein, muss man etwas tatsächlich untersuchen und es ernst nehmen. Und ich hatte mir wie die meisten Ärzte nie die Zeit genommen, Nahtoderlebnisse genauer zu untersuchen. Ich »wusste« einfach, dass sie unmöglich waren.

Ich ging auch meine Krankenakte über meine Zeit im Koma durch. In dieser Zeit war praktisch von Anfang an alles minutiös aufgezeichnet worden. Als ich meine Scans genauso überprüfte, wie ich es mit denen eines meiner Patienten getan hätte, wurde mir endlich klar, wie schwer krank ich gewesen war.

Eine bakterielle Meningitis ist insofern eine einzigartige Erkrankung, als sie zunächst nur die äußere Oberfläche des Gehirns angreift und seine tieferen Strukturen intakt lässt. Die Bakterien zerstören erst einmal den menschlichen Teil unseres Gehirns und haben später eine tödliche Wirkung, wenn sie auch die tieferen, für die quasi haushälterischen Funktionen erforderlichen Strukturen angreifen, die weit unter dem menschlichen Teil liegen und die wir mit anderen Tieren gemeinsam haben. Die anderen Leiden, die den Neokortex schädigen und Bewusstlosigkeit hervorrufen können – Schädelhirntrauma, Schlaganfall, Hirnblutungen oder Hirntumore –, sind nicht annähernd so effizient in der vollständigen Zerstörung der gesamten Oberfläche des Neokortex. Sie berühren tendenziell nur Teile des Neokortex und lassen andere unversehrt und funktionsfähig. Doch Bakterien schalten, wie gesagt, nicht nur den Neokortex aus, sondern schädigen meist auch die tieferen und primitiveren Teile des Gehirns. Angesichts all dessen ist eine bakterielle Meningitis wohl die denkbar geeignetste Krankheit, um einen menschlichen Tod vorzutäuschen, ohne ihn tatsächlich herbeizuführen. (Wenngleich eine bakterielle Meningitis das natürlich normalerweise schließlich tut. Die traurige Wahrheit ist, dass praktisch keiner von denen, die an einer so schweren Form von bakterieller Meningitis erkranken, wie ich sie hatte, zurückkehrt und seine Geschichte erzählt; siehe Anhang A.)

Obwohl diese Erfahrung so alt ist wie die Geschichte der Menschheit, existiert der allgemein geläufige Begriff »Nahtoderlebnis« (unabhängig davon, ob man ihn für etwas Reales oder eine haltlose Fantasie hält) erst seit Kurzem. In den 1960er-Jahren wurden neue Techniken entwickelt, die es Ärzten möglich machten, Patienten mit einem Herzstillstand wiederzubeleben. Patienten, die in früheren Zeiten einfach gestorben wären, wurden nun ins Land der Lebenden zurückgeholt. Ohne dass es ihnen bewusst war, brachten diese Ärzte durch ihre lebensrettenden Maßnahmen eine neue Art hervor: transirdische Reisende – Menschen, die einen kurzen Blick hinter den Schleier geworfen hatten und nun zurückkehrten und davon erzählten. Heute geht ihre Zahl in die Millionen.

Im Jahr 1975 veröffentlichte ein Medizinstudent namens Raymond Moody ein Buch mit dem Titel *Leben nach dem Tod. Die Erforschung einer unerklärlichen Erfahrung*, in dem er die Erfahrungen eines Mannes namens George

Ritchie beschrieb. Ritchie war infolge eines Herzstillstands, der als Komplikation einer Lungenentzündung aufgetreten war, »gestorben« und hatte sich neun Minuten lang außerhalb seines Körpers aufgehalten. Er reiste durch einen Tunnel, besuchte himmlische und höllenähnliche Regionen, begegnete einem Lichtwesen, das er als Jesus identifizierte, und erlebte Gefühle des Friedens und des Wohlbefindens, die so intensiv waren, dass er Schwierigkeiten hatte, sie in Worte zu fassen. Das Zeitalter des modernen Nahtoderlebnisses war angebrochen.

Ich kann nicht behaupten, dass ich damals noch nie etwas von Moodys Buch gehört hätte, aber ich hatte es nicht gelesen. Das brauchte ich auch nicht, denn vor allem anderen wusste ich, dass die Vorstellung, ein Herzstillstand sei eine Art todesähnlicher Zustand, Unsinn war. In einem Großteil der Literatur über Nahtoderlebnisse ist von Patienten die Rede, deren Herz ein paar Minuten stillstand – in der Regel nach einem Unfall oder auf dem Operationstisch. Die Vorstellung, dass ein Herzstillstand den Tod bedeutet, ist seit etwa 50 Jahren veraltet. Viele Laien glauben immer noch, dass jemand, der einen Herzstillstand übersteht, »gestorben« und ins Leben zurückgekehrt sei, aber die Medizin hat ihre Definitionen von Tod schon vor langer Zeit dahingehend revidiert, dass sie das Gehirn und nicht das Herz in den Mittelpunkt stellt (1968 wurden Kriterien für den Hirntod aufgestellt, die sich auf entscheidende Befunde der neurologischen Untersuchung des Patienten stützen). Ein Herzstillstand ist für den Tod nur insofern relevant, als er Auswirkung auf die Gehirnfunktionen hat. Er führt nämlich innerhalb von Sekunden dazu, dass der Blutfluss zum Gehirn zum Erliegen kommt, was wiederum zu einer umfangreichen Störung der kooperativen neuronalen Aktivität und einem Verlust des Bewusstseins führt.

Seit einem halben Jahrhundert halten Chirurgen in der Herz- und gelegentlich auch in der Neurochirurgie das Herz routinemäßig minuten- bis stundenlang an. Dabei arbeiten sie mit Herz-Lungen-Maschinen und manchmal auch mit einer Kühlung des Gehirns, um seine Überlebensfähigkeit unter solchen Belastungen zu verbessern. Ein Gehirntod tritt nicht ein. Selbst ein Mensch, dessen Herz auf der Straße zu schlagen aufhört, kann vor Hirnschädigungen bewahrt bleiben, wenn er innerhalb von vier Minuten so reanimiert wird, dass sein Herz schließlich wieder anspringt. Solange sauerstoffreiches Blut zum Gehirn transportiert wird, bleibt die betreffende Person am Leben, auch wenn sie vorübergehend bewusstlos ist.

Dieses Stück Wissen war alles, was ich brauchte, um Moodys Buch abzuhaken, ohne es je aufgeschlagen zu haben. Doch jetzt schlug ich es auf. Und als ich die Geschichten, von denen Moody berichtet, vor dem Hintergrund dessen las, was ich selbst erlebt hatte, führte dies zu einer völligen Veränderung meiner Perspektive. Ich hatte wenig Zweifel daran, dass zumindest einige der Leute, von denen in diesen Geschichten die Rede ist, ihren physischen Körper tatsächlich verlassen hatten. Die Ähnlichkeiten mit dem, was ich selbst jenseits meines Körpers erlebt hatte, waren einfach überwältigend.

Die primitiveren Teile meines Gehirns – die haushälterischen, für die Grundfunktionen zuständigen Teile – funktionierten die ganze oder zumindest die meiste Zeit, die ich im Koma verbrachte. Doch was den Teil meines Gehirns anging, von dem jeder Hirnforscher sagen würde, dass er für meine menschliche Seite verantwortlich ist – nun, dieser Teil war nicht mehr vorhanden. Das konnte ich den Scans, den Laborwerten und den Ergebnissen meiner neurologischen Untersuchungen entnehmen – all den Daten zu meiner genau dokumentierten Woche im Krankenhaus. Mir wurde schnell klar, dass mein Nahtoderlebnis aus fachlicher Sicht nahezu makellos gewesen ist, vielleicht einer der überzeugendsten Fälle dieser Art in der neueren Geschichte. Was in meinem Fall wirklich Gewicht hat, ist nicht das, was mir persönlich passiert ist, sondern die absolute Unmöglichkeit, aus medizinischer Sicht zu behaupten, dass dies alles Fantasie gewesen ist.

Ein Nahtoderlebnis zu beschreiben ist bestenfalls eine Herausforderung. Dies aber gegenüber einer Ärzteschaft zu tun, die sich weigert zu glauben, dass so etwas überhaupt möglich ist, ist noch schwieriger. Angesichts meiner Karriere in den Neurowissenschaften und aufgrund meines eigenen Nahtoderlebnisses hatte ich nun die einzigartige Gelegenheit, es meinen Zuhörern schmackhafter zu machen.

30

Zurück von den Toten

Und das Herannahen des Todes, das alle gleich macht, beein-
druckt alle gleichermaßen mit der letzten Enthüllung, die nur
ein Autor aus dem Reich der Toten angemessen vermitteln
könnte.

Herman Melville (1819–1891)

Wo auch immer ich in diesen ersten paar Wochen hinging,
sahen die Menschen mich an, als sei ich von den Toten auf-
erstanden. Zufällig traf ich einen Arzt, der an dem Tag
Dienst gehabt hatte, an dem ich ins Krankenhaus eingeliefert worden war. Er war nicht direkt an meiner Behandlung
beteiligt gewesen, aber er hatte genug von mir gesehen, als
ich an jenem ersten Morgen in die Notaufnahme gebracht
worden war.

»Wie können Sie überhaupt hier sein?«, fragte er und
fasste damit die entscheidende Frage zusammen, die sich die
medizinische Gemeinde über mich stellte. »Sind Sie Ebens
Zwillingsbruder, oder was?«

Ich lächelte, streckte die Hand aus und schüttelte seine
Hand, um ihn wissen zu lassen, dass ich es wirklich war.

Auch wenn er natürlich im Scherz gefragt hatte, ob ich
mein eigener Zwillingsbruder sei, sprach dieser Arzt tatsächlich einen wichtigen Punkt an. Im Grunde war ich immer

noch zwei Personen, und wenn ich wirklich machen wollte, was ich Eben IV. gesagt hatte – meine Erfahrung nutzen, um anderen zu helfen –, würde ich mein Nahtoderlebnis mit meinem wissenschaftlichen Verständnis in Einklang bringen und diese beiden Personen miteinander verbinden müssen.

Meine Erinnerung wanderte zurück zu einem Telefongespräch, das ich vor mehreren Jahren eines Morgens mit der Mutter einer Patientin geführt hatte. Sie rief an, als ich mir die digitale Landkarte eines Tumors anschaute, den ich später an diesem Tag entfernen sollte. Ich nenne diese Frau Susanna. Susannas verstorbener Ehemann, den ich George nennen will, war ebenfalls mit einem Gehirntumor mein Patient gewesen. Trotz allem, was wir für ihn getan hatten, war er innerhalb von anderthalb Jahren nach der Diagnosestellung gestorben. Nun hatte Susannas Tochter einige Metastasen von einem Brustkrebs in ihrem Gehirn. Ihre Aussichten, länger als ein paar Monate zu überleben, waren gering. Es war kein guter Zeitpunkt für ein Telefongespräch. Mein Verstand war völlig von dem digitalen Bild vor meinen Augen und von meinen detaillierten Überlegungen absorbiert, mit welcher Strategie ich den Tumor entfernen konnte, ohne das umgebende Hirngewebe zu zerstören. Dennoch blieb ich am Hörer und sprach mit Susanna, weil ich wusste, dass sie etwas – irgendetwas – suchte, das es ihr ermöglichte, mit der Situation klarzukommen.

Ich hatte immer geglaubt, es sei gut, die Wahrheit ein wenig zu schönen, wenn jemand die Last einer potenziell tödlichen Krankheit zu tragen hat. Einen todkranken Patienten daran zu hindern, sich an eine kleine Illusion zu klammern, die ihm hilft, mit der Möglichkeit des herannahenden Todes umzugehen, ist so, als würde man ihm eine schmerzstillende Medikation verwehren. Es war eine außerordentlich schwere Last, und ich schuldete Susanna jede Sekunde Aufmerksamkeit, um die sie bat.

»Dr. Alexander«, sagte Susanna, »meine Tochter hatte einen ganz unglaublichen Traum. Ihr Vater hat sie besucht. Er sagte ihr, es werde alles gut gehen und sie brauche sich keine Sorgen zu machen, dass sie stirbt.«

Es waren die Worte, die ich schon zahllose Male von Patienten gehört hatte. Der Verstand tut, was er kann, um sich in einer unerträglich schmerzlichen Situation selbst zu beschwichtigen. Ich sagte ihr, das klinge nach einem wunderbaren Traum.

»Aber am unglaublichsten war, was er trug: ein gelbes Hemd – und einen weichen Filzhut!«

»Nun, Susanna«, meinte ich freundlich, »ich schätze mal, im Himmel gibt es keine Kleiderordnung.«

»Nein«, sagte Susanna. »Das meine ich nicht. Ganz zu Beginn unserer Beziehung, als wir zum ersten Mal miteinander ausgegangen sind, habe ich George ein gelbes Hemd geschenkt. Er hat es gern zusammen mit dem Filzhut getragen, der auch ein Geschenk von mir war. Aber das Hemd und der Hut sind verlorengegangen, als unser Gepäck auf unserer Hochzeitsreise nicht ankam. Er wusste, wie gern ich ihn in diesem Hemd und dem Hut sah, aber wir haben nie einen Ersatz besorgt.«

»Bestimmt hat Christina viele wunderbare Geschichten über das Hemd und den Hut gehört, Susanna«, erklärte ich. »Und über Ihre erste gemeinsame Zeit …«

»Nein«, lachte sie. »Das ist ja das Wunderbare daran.

Das war unser kleines Geheimnis. Wir wussten, wie lächerlich es für jemand anderen klingen würde. Also haben wir nie über dieses Hemd und den Hut gesprochen, nachdem sie verlorengegangen waren. Christina hat von uns nie auch nur einen Pieps darüber gehört. Christina hatte eine solche Angst vor dem Sterben, und nun weiß sie, dass sie nichts zu fürchten hat, überhaupt nichts.«

Das, was Susanna mir berichtete, war, wie ich später aus der Literatur erfuhr, eine Art von Traum-Versicherung, die ziemlich oft vorkommt. Aber als ich diesen Anruf bekam, hatte ich mein Nahtoderlebnis noch nicht gehabt, und zu der Zeit meinte ich ganz genau zu wissen, dass das, was Susanna mir erzählte, eine von Kummer induzierte Fantasie war. Im Laufe meines Berufslebens habe ich viele Patienten gehabt, die im Koma oder während einer Operation ungewöhnliche Erfahrungen machten. Wann immer mir einer dieser Menschen von einem ungewöhnlichen Erlebnis berichtete, wie Susanna in diesem Telefongespräch, reagierte ich stets absolut verständnisvoll. Und ich war mir ziemlich sicher, dass sie diese Erfahrungen wirklich gemacht hatten – in ihrem Kopf.

Das Gehirn ist das anspruchsvollste – und launischste – Organ, das wir besitzen. Wenn man daran herumbastelt und beispielsweise die Menge an Sauerstoff, die im Gehirn ankommt, um wenige Torr (eine Druckeinheit) vermindert, wird der betreffende Mensch seine Realität als verändert erleben – oder, genauer gesagt, seine persönliche Wahrnehmung der Realität. Wenn man nun all die physischen Traumen und die Medikationen, die ein Mensch mit einem Gehirnleiden vermutlich verkraften muss oder hinter sich hat, in Betracht zieht, kann man fast schon garantieren, dass die Erinnerungen, die solch ein Patient möglicherweise hat, wenn er zurückkehrt, reichlich ungewöhnlich sind. In einem Gehirn, das von einer tödlichen bakteriellen Infektion betroffen und von bewusstseinsverändernden Medikamenten beeinflusst ist, kann *alles* passieren. Alles – *außer* der ultra-realen Erfahrung, die ich im Koma gemacht habe.

Und mit einem Ruck, der auftritt, wenn man plötzlich etwas sieht, was eigentlich die ganze Zeit hätte offensichtlich sein sollen, erkannte ich, dass Susanna an diesem Tag nicht bei mir angerufen hatte, um von mir getröstet zu werden. Sie hatte wirklich ernsthaft versucht, mich zu trösten. Aber ich war nicht in der Lage gewesen, das zu erkennen. Ich hatte geglaubt, Susanna einen Gefallen zu tun, indem ich auf meine matte und zerstreute Weise vorgab, ihre Geschichte zu glauben. Aber das tat ich nicht. Und als ich auf dieses Gespräch und Dutzende andere, ähnliche Gespräche zurückblickte, erkannte ich, was für einen langen Weg ich noch vor mir hatte, wenn ich meine Ärztekollegen davon überzeugen wollte, dass das, was ich erlebt hatte, real war.

31

Drei Lager

*Ich behaupte, dass das menschliche Mysterium unglaublich
erniedrigt wird durch den wissenschaftlichen Reduktionismus
mit seinem Anspruch, der promissorische Materialismus erkläre
letztlich die ganze spirituelle Welt in Form von Mustern der
neuronalen Aktivität. Diese Annahme muss als Aberglaube
eingestuft werden ... wir müssen erkennen, dass wir sowohl
spirituelle Wesen mit Seelen sind, die in einer spirituellen
Welt existieren, als auch materielle Wesen mit Körpern und
Gehirnen, die in einer materiellen Welt leben.*

Sir John C. Eccles (1903–1997)

Was Nahtoderlebnisse anbelangt, so gibt es grundsätzlich
drei Lager. Das erste besteht aus denjenigen, die daran glauben: Menschen, die entweder selbst ein Nahtoderlebnis hatten oder für die solche Erfahrungen leicht zu akzeptieren
sind. Dann gibt es natürlich die standhaft Ungläubigen (wie
ich einer gewesen bin). Diese Menschen sehen sich jedoch
in der Regel selbst nicht als Ungläubige. Sie »wissen« einfach, dass das Gehirn das Bewusstsein hervorbringt, und
sind nicht bereit, sich schweigend verrückte Ideen vom
Geist, der über den Körper triumphiert, anzuhören (außer
wenn sie aus reiner Freundlichkeit jemanden trösten wollen,
wie ich es an jenem Tag mit Susanna zu tun glaubte).

Und dann gibt es noch eine mittlere Gruppe. Dazu gehören alle möglichen Leute, die schon etwas von Nahtoderlebnissen gehört haben – entweder durch entsprechende Lektüre oder von einem Freund oder Verwandten, der ein Nahtoderlebnis hatte. Nahtoderlebnisse kommen nämlich außerordentlich häufig vor. Diese in der Mitte stehenden Menschen waren diejenigen, denen meine Geschichte meiner Meinung nach wirklich helfen konnte. Die Botschaft, die ein Nahtoderlebnis übermittelt, verändert das ganze Leben. Aber wenn jemand, der potenziell offen dafür ist, sich etwas über ein Nahtoderlebnis anzuhören, einen Arzt oder Wissenschaftler fragt – in unserer Gesellschaft die offiziellen Wächter darüber, was real ist und was nicht – bekommt er nur allzu oft freundlich, aber bestimmt zu hören, dass Nahtoderlebnisse Fantasien seien: Produkte eines Gehirns, das sich alle Mühe gibt, am Leben festzuhalten, und nichts weiter.

Als Arzt konnte ich vor dem Hintergrund dessen, was ich durchgemacht hatte, eine andere Geschichte erzählen. Und je mehr ich darüber nachdachte, desto mehr hatte ich das Gefühl, es sei meine Pflicht, genau das zu tun.

Ich ging die Vorschläge, von denen ich wusste, dass meine Kollegen sie machen würden und dass ich selbst sie früher gemacht hätte, um zu erklären, was mit mir passiert war, einen nach dem anderen durch. (Näheres darüber finden Sie in meiner Zusammenfassung der neurowissenschaftlichen Hypothesen, Anhang B.) War mein Erlebnis ein primitives Stammhirn-Programm, das sich herausgebildet hatte, um letale Schmerzen und Leiden zu lindern – möglicherweise ein Relikt der »Totstell«- oder Scheintod-Strategien, die von niederen Säugetieren eingesetzt werden? Das schloss ich von vornherein aus. Es war ganz einfach nicht möglich, dass meine Erlebnisse, die sich auf äußerst komplexen visuellen und auditiven Ebenen abgespielt und einen hohen Grad an wahrgenommener Bedeutung gehabt hatten, das Produkt meines Reptilienhirns waren.

War es ein verzerrter Rückgriff auf Erinnerungen aus tieferen Teilen meines limbischen Systems, dem Teil des Gehirns, der die emotionale Wahrnehmung anregt? Wieder nein. Ohne einen funktionierenden Neokortex konnte das limbische System keine Visionen von derartiger Klarheit und Logik hervorbringen, wie ich sie gehabt hatte.

War mein Erlebnis vielleicht so etwas wie eine psychedelische Vision, hervorgerufen von einigen der (vielen) Medikamente, die mir verabreicht wurden? Wieder ist es so, dass alle diese Medikamente mit Rezeptoren im Neokortex zusammenwirken. Und mit einem nicht funktionierenden Neokortex hatten diese Medikamente keinen Boden, auf dem sie wirken konnten.

Was war mit einer REM-Intrusion? Das ist der Name eines Syndroms (es tritt in Zusammenhang mit der »Rapid-Eye-Movement«- oder REM-Schlafphase auf, in der sich die Augen schnell bewegen, weil man träumt), bei dem natürliche Neurotransmitter wie Serotonin mit Rezeptoren im Neokortex interagieren. Leider ebenfalls Fehlanzeige. Die REM-Intrusion braucht einen funktionierenden Neokortex, um auftreten zu können, und den hatte ich nicht.

Dann war da noch das hypothetische Phänomen, das als »DMT-Ausschüttung« bekannt ist. In solch einem Fall produziert die Zirbeldrüse als Reaktion auf den Stress einer wahrgenommenen Bedrohung des Gehirns eine Substanz namens DMT (oder N,N-Dimethyltryptamin). DMT ist von seiner Struktur her dem Serotonin ähnlich und kann einen extrem intensiven psychedelischen Zustand herbeiführen. Ich hatte keine persönliche Erfahrung mit DMT – und habe sie immer noch nicht –, aber ich widerspreche denjenigen nicht, die sagen, dass es eine sehr kraftvolle psychedelische Erfahrung bewirken kann, vielleicht sogar eine mit echten Konsequenzen für unser Verständnis davon, was Bewusstsein und Realität wirklich sind.

Dennoch bleibt die Tatsache bestehen, dass der Teil des Gehirns, der von DMT beeinflusst wird (der Neokortex), in meinem Fall stillgelegt war und nicht auf DMT ansprechen konnte. Wenn also erklärt werden soll, was mit mir passiert ist, greift die Hypothese von der DMT-Ausschüttung ebenso kurz wie die anderen Hauptkandidaten zur Erklärung meiner Erfahrung, und zwar aus demselben entscheidenden Grund: Halluzinogene beeinflussen den Neokortex, und mein Neokortex stand für Beeinflussungen nicht zur Verfügung.

Die letzte Hypothese, mit der ich mich auseinandersetzte, war die vom »Neustart-Phänomen«. Ihr zufolge war meine Erfahrung eine Ansammlung von weitgehend zusammenhanglosen Erinnerungen und Gedanken, die übriggeblieben waren, bevor sich mein Kortex vollkommen verabschiedete. Wie ein Computer, der nach einem Absturz bei einem Neustart so viel wie möglich rettet, hätte mein Gehirn demnach meine Erfahrung, so gut es ihm möglich war, aus diesen übriggebliebenen Stücken zusammengesetzt. Das könnte vorkommen, wenn der Kortex nach einem längeren Systemausfall, wie er durch meine ausgedehnte Meningitis hervorgerufen worden war, neu ins Bewusstsein gestartet wird. Doch das scheint höchst unwahrscheinlich angesichts der Feinheit und der Interaktivität meiner vielschichtigen und in sich stimmigen Erinnerungen.

Weil ich die nicht lineare Natur der Zeit in der spirituellen Welt so intensiv erlebt habe, kann ich jetzt verstehen, warum so viel, was über die spirituelle Dimension geschrieben wird, aus unserer irdischen Sicht verdreht oder einfach nur unsinnig erscheint. In den Welten über dieser verhält sich die Zeit einfach nicht so wie hier. In diesen Welten geschieht nicht unbedingt eines nach dem anderen. Ein Moment kann einem wie ein ganzes Leben vorkommen und viele Leben wie ein einziger Moment. Doch dass sich die Zeit in den jenseitigen Welten nicht so verhält, wie wir es gewohnt sind, heißt nicht, dass sie ungeordnet ist, und auch meine Erinnerungen an meine Zeit im Koma waren alles andere als ungeordnet. Die diesseitigsten zeitlichen Anker meiner Erfahrung waren meine Interaktionen mit Susan Reintjes, als sie mich in der vierten und fünften Nacht kontaktierte, und gegen Ende meiner Reise das Erscheinen jener sechs Gesichter. Jedes andere Auftreten einer Gleichzeitigkeit von Ereignissen auf der Erde und während meiner Reise jenseits davon ist, so könnte man sagen, eine reine Vermutung!

Je mehr ich über meinen damaligen Zustand erfuhr und je mehr ich unter Hinzuziehung der wissenschaftlichen Literatur zu erklären versuchte, was passiert war, desto schlechter stand ich da. Alles, die unheimliche Deutlichkeit meines Sehens ebenso wie die Klarheit meiner Gedanken als rein konzeptioneller Ablauf, wies eher auf eine höhere und bessere als auf eine geringere Arbeitsweise meines Gehirns hin. Aber meine höher entwickelten Gehirnareale waren funktionsunfähig und konnten diese Arbeit nicht tun.

Je mehr »wissenschaftliche« Erklärungen von Nahtoderlebnissen ich las, desto schockierter war ich über ihre Fadenscheinigkeit. Und doch musste ich zähneknirschend zugeben, dass es genau die Erklärungen waren, auf die mein altes »Ich« vage verwiesen hätte, wenn mich jemand gebeten hätte zu »erklären«, was ein Nahtoderlebnis ist. Doch von Menschen, die selbst keine Ärzte waren, konnte man nicht erwarten, dass sie dies wussten.

Wäre das, was ich durchlebt habe, jemand – irgendjemand – anderem passiert, wäre das bemerkenswert genug. Aber dass es mir passiert ist ... Zu sagen, dass es »einen Grund« dafür gab, machte mich ein wenig beklommen. Ich hatte noch genug von dem alten Arzt in mir, um zu wissen, wie absonderlich – ja, wie vollmundig – das klang. Aber wenn ich die schiere Unwahrscheinlichkeit aller Einzelheiten zusammenzählte – und vor allem, wenn ich daran dachte, wie perfekt und präzise eine Erkrankung wie die *E.-coli*-Meningitis dazu geeignet war, meinen Kortex auszuschalten, und wie schnell und vollständig meine Genesung von der beinahe sicheren Zerstörung vonstattengegangen war –, musste ich die Möglichkeit, dass mir das wirklich nicht ohne Grund passiert war, einfach ernst nehmen. Das gab mir nur ein noch größeres Gefühl der Verantwortung, meine Geschichte richtig zu erzählen.

Ich bin immer stolz darauf gewesen, die neueste medizinische Literatur in meinem Bereich gelesen zu haben und auch meinen Beitrag dazu zu leisten, wenn ich etwas von Wert hinzuzufügen hatte. Dass ich aus dieser Welt in eine andere katapultiert worden war, war eine Nachricht – eine echte medizinische Nachricht. Und nun, wo ich zurück war, hatte ich nicht vor, sie schlechtzumachen. Aus medizinischer Sicht war die Tatsache, dass ich vollkommen genesen war, eine glatte Unmöglichkeit, ein medizinisches Wunder. Aber die eigentliche Geschichte handelte davon, wo ich mich aufgehalten hatte, und es war meine Pflicht, diese Geschichte zu erzählen, nicht nur als Wissenschaftler und jemand, der tiefen Respekt vor wissenschaftlichen Methoden hat, sondern auch als Heiler. Eine wahre Geschichte kann ebenso heilsam sein wie Medizin. Susanna hatte das gewusst, als sie mich an jenem Tag in meinem Büro anrief. Und ich hatte es selbst erlebt, nachdem ich die Geschichte meiner leiblichen Familie gehört hatte. Was mit mir passiert war, war ebenfalls eine heilende Geschichte. Was für eine Art Heiler wäre ich, wenn ich sie für mich behalten würde?

Etwa zwei Jahre nach meiner Rückkehr aus dem Koma besuchte ich einen guten Freund und Kollegen, der eine der weltweit führenden Forschungsabteilungen für Neurowissenschaften leitet. Ich kenne John (das ist nicht sein richtiger Name) seit Jahrzehnten und halte ihn für einen wunderbaren Menschen und erstklassigen Wissenschaftler.

Ich erzählte John einen Teil der Geschichte meiner spirituellen Reise im tiefen Koma, und er wirkte ziemlich erstaunt. Nicht erstaunt darüber, wie verrückt ich neuerdings war, sondern darüber, dass etwas, was ihm lange ein Rätsel gewesen war, endlich einen Sinn für ihn ergab.

Es stellte sich heraus, dass Johns Vater vor etwa einem Jahr nach fünfjähriger Krankheit seinem Ende entgegengesehen hatte. Er war entmündigt, dement, hatte Schmerzen und wollte sterben.

»Bitte«, hatte sein Vater John auf dem Totenbett angefleht. »Gib mir ein paar Pillen oder irgendwas. Ich kann so nicht weitermachen.«

Dann plötzlich wurde sein Vater klarer, als er es in den letzten beiden Jahren gewesen war, und teilte John einige tiefe Beobachtungen über sein Leben und ihre Familie mit. Dann änderte er seine Blickrichtung und begann mit der Luft am Fußende seines Bettes zu reden. Während er zuhörte, merkte John, dass sein Vater mit seiner Mutter sprach, die 65 Jahre zuvor gestorben war, als Johns Vater noch ein Teenager war. Sein Vater hatte sie John gegenüber kaum je erwähnt, aber nun führte er ein fröhliches und lebhaftes Gespräch mit ihr. John konnte sie nicht sehen, aber er war fast davon überzeugt, dass ihr Geist anwesend war und den Geist seines Vaters zu Hause willkommen hieß. Nach ein paar Minuten wandte sich Johns Vater wieder ihm zu und hatte jetzt einen völlig anderen Ausdruck im Gesicht. Er hatte ein Lächeln auf den Lippen und war deutlich sichtbar voller Frieden, mehr, als John es je zuvor an ihm erlebt hatte.

»Schlaf jetzt, Papa«, hörte sich John sagen. »Lass einfach los. Es ist alles in Ordnung.«

Sein Vater tat genau das. Er schloss die Augen und dämmerte mit einem vollkommen friedlichen Ausdruck auf dem Gesicht ein. Kurz danach segnete er das Zeitliche.

John spürte, dass die Begegnung zwischen seinem Vater

und seiner verstorbenen Großmutter sehr real gewesen war, aber er hatte keine Ahnung, was er damit anfangen sollte, weil er als Arzt wusste, dass solche Dinge »unmöglich« waren. Viele andere Menschen waren Zeugen einer erstaunlichen und plötzlichen geistigen Klarheit, die sich bei dementen älteren Menschen oft unmittelbar vor dem Tod einstellt, ähnlich wie es John bei seinem Vater erlebt hatte (ein Phänomen, das als »Terminal Lucidity« oder »geistige Klarheit kurz vor dem Tod« bekannt ist). Dafür gibt es keine neurophysiologische Erklärung.

Meine Geschichte schien John eine Art Lizenz für etwas zu geben, nach dem er sich gesehnt hatte: die Erlaubnis zu glauben, was er mit seinen eigenen Augen gesehen hatte. Und die tiefe und beruhigende Wahrheit zu wissen, dass unser ewiges spirituelles Selbst realer ist als irgendetwas, was wir in diesem physischen Bereich wahrnehmen, und dass es eine göttliche Verbindung zur grenzenlosen Liebe des Schöpfers hat.

32

In der Kirche

Es gibt nur zwei Arten, sein Leben zu leben: Entweder so, als gäbe es keine Wunder, oder so, als wäre alles ein Wunder.

Albert Einstein

Bis Dezember 2008 schaffte ich es nicht, wieder in die Kirche zu gehen, doch dann überredete mich Holley, sie am zweiten Adventssonntag zum Gottesdienst zu begleiten. Ich war immer noch schwach, untergewichtig und ein wenig aus dem Gleichgewicht. Holley und ich saßen in der ersten Reihe. Michael Sullivan leitete an diesem Tag den Gottesdienst. Er kam auf uns zu und fragte, ob ich Lust hätte, die zweite Kerze am Adventskranz zu entzünden. Ich wollte nicht wirklich, aber etwas drängte mich, es doch zu tun. Ich stand auf, stützte mich mit der Hand auf den Messingpfosten und schritt mit unerwarteter Leichtigkeit in den Altarraum der Kirche.

Meine Erinnerungen an die Zeit außerhalb meines Körpers waren immer noch nackt und roh, doch wohin ich mich auch wandte an diesem Ort, der mich früher nie besonders bewegt hatte, sah ich Kunst und hörte Musik, die alles sofort wieder aufleben ließen. In den pulsierenden Basstönen eines Chorals hallte das derbe Elend nach, das ich im Reich der Regenwurmperspektive empfunden hatte.

Die bunten Glasfenster mit ihren Wolken und Engeln brachten mir die himmlische Schönheit des Übergangsbereichs in Erinnerung. Ein Gemälde von Jesus, der mit seinen Jüngern das Brot brach, rief das Gemeinschaftsgefühl im Zentrum wach. Als ich mich an die Seligkeit der unendlichen, bedingungslosen Liebe erinnerte, die ich dort erfahren hatte, lief mir ein Schauer über den Rücken.

Endlich verstand ich, worum es bei der Religion wirklich ging. Oder zumindest gehen sollte. Ich glaubte nicht nur an Gott; ich kannte Gott. Als ich zum Altar humpelte, um die Kommunion in Empfang zu nehmen, liefen mir Tränen über die Wangen.

33

Das Rätsel des Bewusstseins

Wer ein wirklicher Sucher nach der Wahrheit werden will,
muss mindestens einmal im Leben möglichst alles angezweifelt
haben.

René Descartes (1596–1650)

Es dauerte etwa zwei Monate, bis die ganze Fülle meines neurologischen Wissens zu mir zurückgekehrt war. Lassen wir im Moment mal die eigentlich rätselhafte Tatsache beiseite, dass dieses Wissen überhaupt zurückgekehrt ist (es gibt nach wie vor keinen medizinischen Präzedenzfall für meinen, bei dem ein Gehirn nach einem derart heftigen Langzeitangriff gramnegativer Bakterien wie *E. coli* seine kompletten Fähigkeiten auch nur annähernd wiedererhalten hat). Nachdem es jedenfalls zurückgekehrt war, hatte ich weiterhin mit der Tatsache zu kämpfen, dass alles, was ich in den vier Jahrzehnten meines Studiums und meiner Arbeiten über das menschliche Gehirn, das Universum und darüber, was die Realität ausmacht, gelernt hatte, im Widerspruch zu meinen Erlebnissen während meines siebentägigen Komas stand. Als ich in mein Koma fiel, war ich ein ganz und gar weltlicher Arzt, der sein gesamtes Berufsleben an einigen der renommiertesten Forschungsinstitutionen der Welt verbracht und dort versucht hatte, den Zusammenhang zwischen dem menschlichen Gehirn und dem Bewusstsein zu verstehen. Es war nicht etwa so, dass ich nicht an das Bewusstsein glaubte. Ich war mir einfach nur mehr als andere Menschen der überwältigenden mechanischen Unwahrscheinlichkeit bewusst, dass es unabhängig vom Gehirn existiert.

In den 1920er-Jahren machte der Physiker Werner Heisenberg (und andere Begründer der Quantenmechanik) eine Entdeckung, die so seltsam ist, dass sich die Welt immer noch nicht so recht damit abgefunden hat. Bei der Beobachtung subatomarer Phänomene ist es unmöglich, den Beobachter (das heißt, den Wissenschaftler, der das Experiment macht) vollständig vom Beobachteten zu trennen. Im Alltag übersieht man diese Tatsache allerdings leicht. Wir sehen das Universum als einen Ort voller einzelner Objekte (Tische und Stühle, Menschen und Planeten), die gelegentlich miteinander interagieren, aber dennoch im Wesentlichen voneinander getrennt bleiben. Auf der subatomaren Ebene erweist sich die Vorstellung der Getrenntheit der Objekte jedoch als vollkommene Illusion. Auf der Ebene winzigster Teilchen ist jedes Objekt des physischen Universums eng mit jedem anderen Objekt verbunden. In Wirklichkeit gibt es überhaupt keine »Objekte« in der Welt, sondern nur energetische Schwingungen und Beziehungen.

Was das bedeutet, sollte eigentlich offensichtlich sein, ist es für viele aber nicht. Es ist unmöglich, die innerste Realität des Universums zu erforschen, ohne sein Bewusstsein einzusetzen. Das Bewusstsein ist nicht nur alles andere als ein unwichtiges Nebenprodukt körperlicher Prozesse, wie ich vor meinem Erlebnis gedacht hatte, es ist auch sehr real, und zwar *sehr viel realer* als der Rest der physischen Existenz und höchstwahrscheinlich die Basis von allem. Aber keine dieser beiden Einsichten wird wirklich in das Bild der Wissenschaft von der Realität integriert. Viele Wissenschaftler versuchen es, aber bisher gibt es keine einheitliche »Theorie von allem« (TOE, Theory of Everything), welche die Gesetze der Quantenmechanik so mit denen der Relativitätstheorie vereinbaren kann, dass allmählich auch das Bewusstsein integriert wird.

Alle Objekte im physischen Universum bestehen aus Atomen. Atome wiederum bestehen aus Teilchen (wie Physiker ebenfalls Anfang des 20. Jahrhunderts herausgefunden haben): Protonen, Elektronen und Neutronen. Und diese Teilchen bestehen aus ... Nun, ehrlich gesagt wissen das die Physiker auch nicht so genau. Aber eines wissen wir über die Teilchen, nämlich dass jedes einzelne davon mit jedem anderen im Universum verbunden ist. Sie sind auf der tiefsten Ebene alle miteinander verbunden.

Vor meinem Erlebnis dort draußen wusste ich zwar generell etwas über all diese modernen wissenschaftlichen Konzepte, aber sie waren weit von mir entfernt. In der Welt, in der ich lebte und mich bewegte – der Welt der Autos und Häuser, der Operationstische und der Patienten, denen es gut oder weniger gut ging, was teilweise auch davon abhängig war, wie erfolgreich ich sie operiert hatte –, waren diese Gegebenheiten der subatomaren Physik nicht sonderlich präsent. Sie mochten wohl wahr sein, aber sie hatten nichts mit meinem Alltag zu tun.

Doch als ich meinen physischen Körper hinter mir ließ, erlebte ich diese Fakten unmittelbar, und ich kann mit voller Überzeugung sagen, dass ich, während ich im Übergangsbereich und im Zentrum war, tatsächlich »wissenschaftlich arbeitete«, auch wenn ich zu der Zeit den Begriff nicht einmal kannte. Es war eine Wissenschaft, die sich auf das wahrste und anspruchsvollste Werkzeug für die wissenschaftliche Forschung stützte, das uns zur Verfügung steht: das Bewusstsein selbst.

Je eingehender ich mich damit beschäftigte, desto mehr war ich davon überzeugt, dass meine Entdeckung nicht einfach nur interessant oder dramatisch war. Sie war *wissenschaftlich.* Je nachdem, mit wem man sich unterhält, ist Bewusstsein für die wissenschaftliche Forschung entweder das größte Rätsel oder absolut uninteressant. Erstaunlich ist, wie viele Wissenschaftler es für Letzteres halten. Für viele – vielleicht die meisten – Wissenschaftler ist Bewusstsein nichts, worüber man sich Gedanken machen müsste, weil es ihrer Ansicht nach nur ein Nebenprodukt körperlicher Prozesse ist. Viele Wissenschaftler gehen sogar noch weiter und sagen, Bewusstsein sei nicht nur ein zweitrangiges Problem, sondern zudem nicht einmal *real.*

Viele Wortführer der neurowissenschaftlichen Bewusstseinsforschung und der Philosophie des Geistes würden jedoch um Differenzierung bitten. In den letzten paar Jahrzehnten haben sie begonnen, das »schwierige Problem des Bewusstseins« zu erkennen. Obwohl sich die Idee seit Jahrzehnten herauskristallisiert hatte, war es David Chalmers, der sie in seinem 1996 veröffentlichten, brillanten Buch *The Conscious Mind* formulierte. Das schwierige Problem betrifft die Existenz der bewussten Erfahrung und kann in folgenden Fragen zusammengefasst werden:

- Wie entsteht Bewusstsein durch die Funktionsweise des menschlichen Gehirns?
- In welcher Beziehung steht es zu dem Verhalten, mit dem es einhergeht?
- In welchem Verhältnis steht die wahrgenommene zur realen Welt?

Das von Chalmers definierte »schwierige Problem« ist so schwer zu lösen, dass manche Denker gesagt haben, die Antwort liege ganz und gar außerhalb dessen, was die »Wissenschaft« leisten kann. Doch dass es außerhalb der Grenzen der gegenwärtigen Wissenschaft liegt, schmälert das Phänomen des Bewusstseins in keiner Weise, sondern liefert vielmehr einen Hinweis auf seine unermesslich tief gehende Rolle im Universum.

Die Vorherrschaft der ausschließlich auf dem physischen Bereich basierenden wissenschaftlichen Methoden während der letzten vierhundert Jahre stellt ein großes Problem für uns dar. Wir haben den Kontakt zu dem tiefen Mysterium im Zentrum unserer Existenz verloren: unserem Bewusstsein. Es war (unter verschiedenen Namen und in Form von verschiedenen Weltbildern zum Ausdruck gebracht) in den vormodernen Religionen wohlbekannt und wurde von ihnen gehütet, ist jedoch in unserer säkularen westlichen Kultur in dem Maße verlorengegangen, in dem wir uns von der Macht der modernen Wissenschaft und Technik haben fesseln lassen.

Für all die Erfolge der westlichen Zivilisation hat die Welt einen hohen Preis bezahlt, und zwar im Hinblick auf die wichtigste Komponente unserer Existenz: unsere menschliche Seele. Die Schattenseite der Hochtechnologie – moderne Kriegführung, gedankenloser Mord und Selbstmord, Verfall der Innenstädte, ökologische Schäden, katastrophaler Klimawandel, Polarisierung der wirtschaftlichen Ressourcen – ist schlimm genug. Doch was noch viel schlimmer ist: Unsere Konzentration auf den exponentiellen Fortschritt in Wissenschaft und Technologie hat vielen von uns relativ viel Lebenssinn und Freude geraubt und auch das Wissen darüber, wie unser Leben bis in alle Ewigkeit in den großen Plan der Existenz eingebunden ist.

Fragen zur Seele, zum Leben nach dem Tod, zur Reinkarnation, zu Gott und dem Himmel sind mit den Mitteln der konventionellen Wissenschaft schwer zu beantworten, was dann so gedeutet wurde, dass all das möglicherweise gar nicht existiert. Desgleichen entzogen sich erweiterte Bewusstseinsphänomene wie Remote Viewing, außersinnliche Wahrnehmung, Psychokinese, Hellsichtigkeit, Telepathie und Vorauswissen hartnäckig einem auf »standardmäßigen« wissenschaftlichen Untersuchungen basierenden Verständnis. Vor meinem Koma zweifelte ich vor allem deshalb an ihrer Richtigkeit, weil ich sie noch nie auf einer tieferen Ebene erfahren hatte und weil sie nicht ohne Weiteres mit meiner vereinfachenden wissenschaftlichen Sicht der Welt in Einklang gebracht werden konnten.

Ebenso wie viele andere wissenschaftliche Skeptiker weigerte ich mich sogar, mir die Daten genauer anzuschauen, die für Fragen zu diesen Phänomenen relevant waren. Ich fällte vorschnelle Urteile über diese Daten und diejenigen, die sie zur Verfügung stellten, weil meine eingeschränkte

Sichtweise es mir nicht erlaubte, mir auch nur eine vage Vorstellung davon zu machen, wie solche Dinge tatsächlich geschehen können. Diejenigen, die behaupten, es gäbe keine Beweise für Phänomene, die auf ein erweitertes Bewusstsein hinweisen, obwohl es überwältigende Belege dafür gibt, sind willentlich unwissend. Sie glauben, dass sie die Wahrheit kennen, ohne sich die Fakten anschauen zu müssen.

Denjenigen, die immer noch in der Falle des wissenschaftlichen Skeptizismus sitzen, empfehle ich das 2007 veröffentlichte Buch *Irreducible Mind. Toward a Psychology for the 21st Century*. Diese schlüssige wissenschaftliche Analyse erbringt überzeugend den Beweis für ein außerkörperliches Bewusstsein. *Irreducible Mind* ist das bahnbrechende Werk einer hoch angesehenen Forschergruppe des Fachbereichs für Wahrnehmungsstudien an der University of Virginia. Die Autoren bieten einen erschöpfenden Überblick über die relevanten Daten, und die Schlussfolgerungen daraus sind unumgänglich: Diese Phänomene sind real, und wir müssen versuchen, sie in ihrem Wesen zu verstehen, wenn wir die Realität unserer Existenz begreifen wollen.

Wir wurden dazu verführt anzunehmen, dass sich die wissenschaftliche Weltsicht mit Riesenschritten auf eine Art Weltformel zubewegt, die erwähnte »Theorie von allem«, die, wie es scheint, nicht viel Raum für unsere Seele, den Geist, den Himmel oder Gott lässt. Meine Reise tief ins Koma – heraus aus dieser kleinen physischen Welt und hinein in die erhabenste Wohnstätte des allmächtigen Schöpfers – offenbarte mir die unbeschreiblich große Kluft zwischen unserem menschlichen Wissen und dem Ehrfurcht einflößenden Reich Gottes.

Jeder von uns ist mit dem Bewusstsein besser vertraut als mit allem anderen, doch wenn es um wirkliches Verständnis geht, wissen wir sehr viel mehr über den Rest des Universums als über den Mechanismus des Bewusstseins. Es ist uns *so* nah, dass es sich fast für immer unserem Verständnis entzieht. Es gibt nichts an der Physik der materiellen Welt (Quarks, Elektronen, Photonen, Atome etc.) und speziell an der komplizierten Struktur des Gehirns, was uns auch nur den kleinsten Hinweis auf den Mechanismus des Bewusstseins geben könnte.

Genau dieses tiefe Mysterium unserer bewussten Existenz ist eben der wichtigste Hinweis auf die Realität des spirituellen Bereichs. Dies ist, wie sich gezeigt hat, eine zu rätselhafte Offenbarung, als dass Physiker oder Neurowissenschaftler damit umgehen könnten, und deshalb ist uns die enge Verbindung zwischen Bewusstsein und Quantenmechanik – und damit der physischen Realität – bisher verborgen geblieben.

Um das Universum wirklich auf einer tieferen Ebene erforschen zu können, müssen wir anerkennen, dass das Bewusstsein beim Ausmalen der Realität eine entscheidende Rolle spielt. Experimente auf dem Gebiet der Quantenmechanik schockierten deren geniale Väter, von denen sich viele (Werner Heisenberg, Wolfgang Pauli, Niels Bohr, Erwin Schrödinger, Sir James Jeans, um nur einige zu nennen) auf der Suche nach Antworten der mystischen Weltsicht zuwandten. Sie erkannten, dass es unmöglich ist, den Forscher von seinem Experiment zu trennen und die Realität ohne Bewusstsein zu erklären.

Was ich dort draußen entdeckt habe, ist die unbeschreibliche Grenzenlosigkeit und Komplexität des Universums sowie die Tatsache, dass das Bewusstsein die Basis von allem ist, was existiert. Ich war so vollkommen damit verbunden, dass es oft keinen wirklichen Unterschied zwischen »mir« und der Welt gab, durch die ich mich bewegte. Wenn ich dies alles zusammenfassen müsste, würde ich erstens sagen, dass das Universum viel größer ist, als es uns vorkommt, wenn wir uns nur seine auf den ersten Blick sichtbaren Teile anschauen. (Das ist eigentlich keine besonders bahnbrechende Einsicht, denn die konventionelle Wissenschaft bestätigt, dass 96 Prozent des Universums aus »dunkler Materie und Energie« bestehen. Worum handelt es sich bei diesen dunklen Gebilden?* Das weiß noch niemand. Doch was meine Erfahrung so ungewöhnlich machte, war erstens die aufschreckende Unmittelbarkeit, mit der ich die grundlegende Rolle des Bewusstseins oder Geistes erlebte. Was ich dort oben lernte, war keine Theorie, sondern eine Tatsache – so überwältigend und direkt wie eine arktische Bö, die einem mitten ins Gesicht bläst.) Zweitens würde ich anführen, dass wir – jeder von uns – auf komplizierte

---

* 70 Prozent sind »dunkle Energie«, jene höchst rätselhafte Kraft, die Mitte der 1990er-Jahre von Astronomen entdeckt wurde, als sie den unbestreitbaren, auf Supernovas vom Typ Ia basierenden Beweis dafür fanden, dass sich das Universum in den letzten fünf Milliarden Jahren *aufwärts* entwickelt hat – dass sich die Ausdehnung des gesamten Weltraums *beschleunigt*. Weitere 26 Prozent sind »dunkle Materie«, die anomale »überschüssige« Schwerkraft, die im Laufe der letzten paar Jahrzehnte in der Rotation von Galaxien und Galaxienhaufen entdeckt wurde. Erklärungen werden folgen, aber die darüber hinausgehenden Rätsel werden nie gelöst werden.

und nicht wieder auflösbare Weise mit dem größeren Universum verbunden sind. Es ist unser wahres Zuhause. Und zu denken, diese physische Welt sei alles, worauf es ankommt, ist etwa so, als sperrte man sich selbst in einen kleinen Schrank und stellte sich vor, es gäbe außerhalb davon nichts anderes. Und drittens würde ich die entscheidende Macht des *Glaubens* nennen, die den »Triumph des Geistes über den Körper« erleichtert. Als Medizinstudent war ich oft irritiert über die Macht des Placeboeffekts. Medizinische Studien zur Wirkung von Arzneien müssen daher die etwa 30 Prozent übertreffen, die dem Glauben des Patienten an die Wirksamkeit des ihm verabreichten Medikaments zugeschrieben werden und die auch dann eintritt, wenn es sich dabei um eine völlig unwirksame Substanz handelt. Statt die allem zugrundeliegende Macht des Glaubens und seinen Einfluss auf unsere Gesundheit zu sehen, bewertete die Ärzteschaft das Glas als »halb leer« und den Placeboeffekt eher als Hindernis denn als Beweis für die Wirksamkeit einer Behandlung.

Der Kern des Rätsels der Quantenmechanik liegt in der Falschheit unserer Vorstellung der Lokalität in Raum und Zeit. Der Rest des Universums – das heißt, die überwiegende Mehrheit davon – ist im Weltraum nicht wirklich weit von uns entfernt. Ja, der physische Raum scheint real, aber er ist auch begrenzt. Das physische Universum in seiner gesamten Ausdehnung ist nichts im Vergleich zu dem spirituellen Bereich, aus dem es hervorgegangen ist: dem Reich des Bewusstseins (das manche als »die Lebenskraft« bezeichnen).

Dieses andere, weitaus gewaltigere Universum ist überhaupt nicht »weit weg«. Es ist sogar genau hier – genau hier, wo ich bin und diesen Satz tippe, und genau dort, wo Sie jetzt sind und ihn lesen. Es ist nicht körperlich weit weg, sondern es existiert einfach auf einer anderen Frequenz. Es ist genau hier, genau jetzt, aber wir sind uns seiner nicht bewusst, weil wir größtenteils nicht offen sind für die Frequenzen, auf denen es sich manifestiert. Wir leben in den Dimensionen des vertrauten Raums und der vertrauten Zeit, eingeschlossen von den besonderen Beschränkungen unserer Sinnesorgane und unserer Wahrnehmungsstaffelung innerhalb des Spektrums von den subatomaren Quanten bis hinauf zum gesamten Universum. Diese uns vertrauten Dimensionen haben zwar vieles für sich, aber sie schließen uns auch von anderen Dimensionen aus, die ebenfalls existieren.

Die alten Griechen haben dies schon vor langer Zeit erkannt, und ich entdeckte jetzt für mich nur das, worauf sie bereits gestoßen waren: Gleiches versteht Gleiches. Das Universum ist so aufgebaut, dass Sie *ein Teil der jeweiligen Dimension* geworden sein müssen, um jeden Aspekt seiner vielen Dimensionen und Ebenen wirklich verstehen zu können. Oder, ein wenig genauer ausgedrückt, Sie müssen sich für eine Identität mit dem Teil des Universums öffnen, den Sie bereits besitzen, dessen Sie sich aber vielleicht nicht bewusst sind.

Das Universum hat keinen Anfang und kein Ende, und Gott ist in jedem seiner Teile voll und ganz präsent. Vieles, sogar das meiste, was Menschen über Gott und die höheren spirituellen Welten sagen, läuft eher darauf hinaus, sie herunter auf unsere Ebene zu holen, als unsere Wahrnehmung zu erhöhen und auf ihre Ebene zu bringen. Mit unseren unzureichenden Beschreibungen vernebeln wir ihr wirklich Ehrfurcht gebietendes Wesen.

Doch obwohl es nie begonnen hat und nie enden wird, hat das Universum gewisse Anfangs- und Endpunkte, eine Art Satzzeichen, deren Zweck es ist, Wesen ins Dasein zu bringen und es ihnen zu erlauben, an der Herrlichkeit Gottes teilzunehmen. Der Urknall, der unser Universum hervorgebracht hat, war eines dieser kreativen »Satzzeichen«. Das Om hatte von außen seine gesamte Schöpfung im Blick, und sein Sehvermögen ging sogar noch über mein höherdimensionales Gesichtsfeld hinaus. Hier, in diesen höheren Dimensionen war Sehen gleich Wissen. Es gab keinen Unterschied zwischen meinem Erleben und meinem Verstehen von etwas.

»Ich war blind, und jetzt kann ich sehen«, bekam eine ganz neue Bedeutung, denn ich verstand auf einmal, wie blind wir auf der Erde für die umfassende Natur des spirituellen Universums sind. Das gilt besonders für Menschen, wie ich einer gewesen war, die glauben, dass die Materie die eigentliche Wirklichkeit ist und dass alles andere – Denken, Bewusstsein, Ideen, Emotionen, Geist – einfach nur Produkte davon sind.

Diese Offenbarung inspirierte mich sehr, weil sie mir erlaubte, die schwindelerregenden Höhen der Gemeinschaft und des Verstehens zu sehen, die vor uns allen liegen, wenn jeder von uns die Einschränkungen seines physischen Körpers und Gehirns hinter sich lässt.

Humor. Ironie. Pathos. Ich hatte immer gedacht, dies seien Eigenschaften, die wir Menschen entwickelt haben, um dieser so oft unangenehmen und unfairen Welt gewachsen zu sein. Und das sind sie auch. Aber abgesehen davon, dass sie uns trösten können, sind diese Eigenschaften auch – kurze, blitzartige, aber hochwichtige – *Bestätigungen* einer Tatsache: Wie auch immer unsere Kämpfe und Leiden in der gegenwärtigen Welt beschaffen sein mögen, sie können die größeren, ewigen Wesen, die wir in Wahrheit sind, nicht berühren. Lachen und Ironie erinnern uns im Grunde daran, dass wir keine Gefangenen dieser Welt sind, sondern vielmehr Reisende, deren Weg durch sie hindurchführt.

Ein anderer Aspekt der guten Nachricht ist, dass Sie nicht beinahe sterben müssen, um einen Blick hinter den Schleier zu werfen – aber Sie müssen Ihren Beitrag dazu leisten. Man kann damit beginnen, sich durch Bücher und Vorträge über dieses jenseitige Reich zu informieren, aber am Ende des Tages muss jeder Einzelne von uns durch Gebet oder Meditation tief in sein eigenes Bewusstsein hinabsteigen, um Zugang zu diesen Wahrheiten zu bekommen.

Es gibt viele verschiedene Arten von Meditation. Die für mich nach meinem Koma nützlichste wurde von Robert A. Monroe entwickelt, dem Gründer des Monroe Institute in Faber, Virginia. Die Freiheit dieses Instituts von jeder dogmatischen Philosophie hat einen großen Vorteil. Das einzige Dogma, das Monroes System der meditativen Übungen beinhaltet, lautet: *Ich bin mehr als mein physischer Körper.* Dieses einfache Bekenntnis hat weitreichende Auswirkungen.

Robert Monroe war in den 1950er-Jahren in New York ein erfolgreicher Produzent von Radioprogrammen. Im Laufe von Untersuchungen zum Einsatz von Tonaufnahmen für das Lernen im Schlaf hatte er zum ersten Mal außerkörperliche Erfahrungen. Das Ergebnis seiner eingehenden, mehr als vier Jahrzehnte dauernden Forschungen war ein leistungsfähiges System zur Verbesserung des tief bewussten Lernens. Es basiert auf einer von ihm entwickelten Audio-Technologie, die als »Hemi-Sync« bekannt geworden ist.

Beim Hemi-Sync kann durch Erzeugen eines entspannten Zustands die selektive Wahrnehmung ebenso wie eine entsprechende Leistungsfähigkeit gesteigert werden. Hemi-Sync bietet jedoch noch sehr viel mehr als dies. Erhöhte Bewusstseinszustände ermöglichen den Zugang zu anderen Wahrnehmungsformen, einschließlich der Tiefenmeditation und mystischer Zustände. Hemi-Sync beinhaltet die Physik der resonanten Aufnahme von Gehirnwellen sowie ihre Beziehung zur Wahrnehmungs- und Verhaltenspsychologie des Bewusstseins und zur grundlegenden Physiologie von Gehirn-Geist und Bewusstsein.

Hemi-Sync bedient sich spezifischer Muster aus Stereo-Klangwellen (in für jedes Ohr etwas unterschiedlichen Frequenzen), um eine synchronisierte Gehirnwellenaktivität hervorzurufen. Erzeugt werden diese »binauralen Schwebungen« in einer Frequenz, welche die arithmetische Differenz zwischen den beiden Signalfrequenzen ist. Indem sie sich eines alten, aber höchst genauen Taktgebers im Stammhirn bedienen, der normalerweise die Lokalisierung von Schallquellen in der horizontalen Ebene um den Kopf herum möglich macht, können diese binauralen Schwebungen das angrenzende retikuläre Aktivierungssystem mitreißen, das dauerhafte Taktsignale an den Thalamus und den Kortex gibt und so Bewusstsein ermöglicht. Diese

Signale erzeugen eine Gehirnwellensynchronie im Bereich zwischen 1 und 25 Hertz (Hz oder Schwingungen pro Sekunde), einschließlich des entscheidenden Bereichs unterhalb der normalen menschlichen Hörschwelle (20 Hz). Dieser niedrigste Bereich wird mit Gehirnwellen im Delta- (< 4 Hz, normalerweise bei tiefem, traumlosem Schlaf vorkommend), im Theta- (4 bis 7 Hz, in tiefer Meditation und Entspannung sowie im Nicht-REM-Schlaf) und im Alpha-Bereich (7 bis 13 Hz, charakteristisch für den REM- oder Traumschlaf sowie für Müdigkeit an der Grenze zum Schlaf und Entspannung im Wachzustand) in Verbindung gebracht.

Auf meiner Reise zum Verstehen nach meinem Koma war Hemi-Sync möglicherweise ein Mittel zur Ausschaltung der Filterfunktion des physischen Gehirns, denn es hat – vermutlich genau wie meine Meningitis – die elektrische Aktivität in meinem gesamten Neokortex synchronisiert, um mein außerkörperliches Bewusstsein zu befreien. Ich glaube, Hemi-Sync hat es mir möglich gemacht, in einen Bereich zurückzukehren, der jenem ähnlich war, den ich im tiefen Koma aufgesucht hatte, ohne allerdings todkrank sein zu müssen. Doch genau wie in den Flugträumen, die ich als Kind gehabt hatte, ist dieser Prozess stark davon abhängig, dass man der Reise *erlaubt,* sich zu entfalten. Wenn man versucht, etwas zu erzwingen, zu viel darüber nachdenkt oder sich zu sehr daran festklammert, funktioniert es nicht.

Das Wort *Allwissenheit* zu benutzen scheint mir unpassend, denn die Ehrfurcht und die kreative Kraft, die ich erlebte, lagen jenseits von allem, was benannt werden kann.

Ich erkannte, dass die Verbote mancher Religionen, Gott zu benennen oder die göttlichen Propheten bildlich darzustellen, tatsächlich intuitiv richtig waren, weil die Realität Gottes in Wahrheit so völlig jenseits all unserer menschlichen Versuche liegt, Gott in Worte oder Bilder zu fassen, während wir hier auf der Erde sind.

Genau wie mein Bewusstsein sowohl individuell als auch gleichzeitig völlig eins mit dem Universum war, zogen sich die Grenzen dessen, was ich als mein »Ich« erlebte, bisweilen zusammen und erweiterten sich dann wieder, um alles einzuschließen, was bis in alle Ewigkeit besteht. Das Verschwimmen der Grenze zwischen meinem Bewusstsein und dem Bereich um mich herum ging bisweilen so weit, dass ich zum gesamten Universum *wurde*. Ich könnte es auch so ausdrücken, dass ich in dem Moment ein Gleichsein mit dem Universum bemerkte, welches die ganze Zeit existiert hatte, für das ich aber bisher blind gewesen war.

Eine Analogie, die ich oft gebrauche, um mein Bewusstsein auf dieser tiefsten Ebene zu verdeutlichen, ist die eines Hühnereis. Während ich mich im Zentrum aufhielt, hatte ich, selbst als ich in alle Ewigkeit eins wurde mit der Lichtkugel und dem gesamten höherdimensionalen Universum und eins mit Gott war, das starke Gefühl, dass der kreative, uranfängliche Aspekt Gottes (der erste Beweger) die Schale um den Inhalt des Eis war, durchweg eng mit ihm verbunden (denn unser Bewusstsein ist eine direkte Erweiterung des Göttlichen), aber für immer jenseits der Möglichkeit, absolut identisch mit dem Bewusstsein des Erschaffenen zu sein. Selbst als mein Bewusstsein mit allem und der Ewigkeit gleich wurde, merkte ich, dass ich nicht ganz eins werden konnte mit dem kreativen, ursprünglichen Lenker von allem, was ist. Im Innersten der grenzenlosesten Einheit war immer noch diese Dualität. Möglicherweise ist eine so offenkundige Dualität einfach das Ergebnis des Versuchs, eine derartige Bewusstheit mit zurück in diese Welt zu bringen.

Weder hörte ich die Stimme des Om jemals direkt, noch sah ich jemals sein Gesicht. Es war, als spreche das Om durch Gedanken zu mir, die wie Wellenberge durch mich hindurchrollten, die alles um mich herum erschütterten und mir zeigten, dass es ein tieferes Gewebe der Existenz gibt – ein Gewebe, von dem wir alle immer ein Teil sind, dessen wir uns im Allgemeinen aber nicht bewusst sind.

Habe ich also direkt mit Gott kommuniziert? Absolut. So ausgedrückt klingt es prachtvoll. Aber als es passierte, fühlte ich mich nicht so. Vielmehr hatte ich das Gefühl, dass ich etwas tat, was jede Seele tun kann, wenn sie ihren Körper verlässt, und was wir alle schon jetzt mithilfe verschiedener Arten von Gebeten oder tiefer Meditation tun können. Mit Gott zu kommunizieren ist die außergewöhnlichste Erfahrung, die man sich vorstellen kann. Aber es ist gleichzeitig die natürlichste Erfahrung von allen, weil Gott jederzeit in uns allen ist. Allwissend, allmächtig, persönlich – und er liebt uns bedingungslos. Wir sind eins mit Gott – an ihn angeschlossen durch unsere göttliche Verbindung.

34

Ein letztes Dilemma

Ich muss bereit sein, das aufzugeben, was ich bin, um zu dem
zu werden, was ich sein kann.

Albert Einstein

Einstein war eines meiner frühen wissenschaftlichen Vorbil-
der, und der obige Spruch von ihm ist immer einer meiner
Lieblingssprüche gewesen. Doch erst jetzt verstand ich die
wahre Bedeutung dieser Worte. Jedes Mal, wenn ich meine
Geschichte einem meiner Kollegen aus der Forschung erzählte, wusste ich, dass sie verrückt klang, und genau das
konnte ich dem versteinerten oder verstörten Ausdruck in
ihren Gesichtern entnehmen. Und doch wusste ich, dass ich
ihnen etwas erzählte, was eine echte wissenschaftliche Gül-
tigkeit besaß. Etwas, was die Tür zu einer völlig neuen Welt
des wissenschaftlichen Verständnisses öffnete – zu einem
ganz neuen Universum. Eine Beobachtung, die das Bewusstsein selbst als größtes Einzelwesen des ganzen Seins ehrte.

Doch eine der für Nahtoderlebnisse üblichen Erfahrungen hatte ich nicht gemacht. Genauer gesagt, es gab eine
kleine Gruppe von Erfahrungen, die ich nicht gemacht
hatte, und all diese Erfahrungen kreisten um eine Tatsache:
Während ich dort draußen war, hatte ich keinerlei Erinnerung an meine irdische Identität gehabt.

Obwohl sich keine zwei Nahtoderlebnisse genau gleichen, fand ich bei meinem Studium der einschlägigen Literatur schon bald heraus, dass es eine sehr durchgängige Liste typischer Merkmale gibt, die vielen von ihnen eigen sind. Eines davon ist die Begegnung mit einem oder mehreren verstorbenen Menschen, die derjenige, der das Nahtoderlebnis hat, in seinem Leben kannte. Ich hatte niemanden getroffen, den ich aus meinem irdischen Leben kannte. Aber das störte mich nicht weiter, weil ich bereits herausgefunden hatte, dass das Vergessen meiner irdischen Identität es mir erlaubt hatte, tiefer »hineinzugehen« als die meisten Menschen, die ein Nahtoderlebnis haben. Daran gab es bestimmt nichts auszusetzen. Was mich allerdings störte, war, dass es eine Person gab, die ich von Herzen gern getroffen hätte. Mein Vater war, vier Jahre bevor ich ins Koma gefallen war, gestorben. Angesichts der Tatsache, dass er wusste, wie ich mich fühlte, weil ich in jenen verlorenen Jahren meines Lebens seinen Anforderungen nicht entsprochen hatte, fragte ich mich, warum er nicht da gewesen war, um mir zu sagen, dass alles in Ordnung war. Denn Trost war in der Tat das, was verstorbene Freunde und Familienmitglieder denen, die ein Nahtoderlebnis hatten, übermitteln wollten. Ich sehnte mich nach diesem Trost. Und doch hatte ich ihn nicht bekommen.

Es war natürlich nicht so, dass ich überhaupt keine tröstenden Worte gehört hätte. Ich hörte sie sehr wohl, und zwar von dem Mädchen auf dem Schmetterlingsflügel. Doch so wunderbar und engelhaft dieses Mädchen auch war, sie war *niemand, den ich kannte*. Weil ich ihr Gesicht jedes Mal gesehen hatte, wenn ich auf dem Flügel eines

Schmetterlings in jenes idyllische Tal flog, erinnerte ich mich sehr gut daran – so gut, dass ich genau wusste, dass ich ihr nie in meinem Leben begegnet war, zumindest nicht in meinem Leben auf der Erde. Und in Nahtoderlebnissen war es oft das Zusammentreffen mit einem bekannten irdischen Freund oder Verwandten, der den Handel für die Menschen besiegelte, die diese Erfahrungen gemacht hatten.

So sehr ich auch versuchte, sie beiseitezuwischen, brachte diese Tatsache ein Element des Zweifels darüber ins Spiel, was dies alles zu bedeuten hatte. Nicht etwa, dass ich Zweifel an dem gehabt hätte, was mit mir geschehen war. Das war unmöglich, und ich hätte genauso gut an meiner Ehe mit Holley oder meiner Liebe zu meinen Kindern zweifeln können. Aber die Tatsache, dass ich ins Jenseits gereist war, ohne meinen Vater zu sehen, und stattdessen meine schöne Begleiterin auf dem Schmetterlingsflügel getroffen hatte, die ich nicht kannte, machte mir noch immer zu schaffen. Warum war mir angesichts der hochgradig emotionalen Natur meiner Beziehung zu meiner Familie und meines Mangels an Selbstwertgefühl, weil ich als Kind weggegeben worden war, diese alles entscheidende Botschaft, dass ich geliebt wurde und niemals verstoßen werden würde, nicht von jemandem übermittelt worden, den ich kannte? Von jemandem wie meinem Vater?

Denn ich hatte mich tatsächlich mein ganzes Leben lang auf einer tiefen Ebene »verstoßen« gefühlt – und das, obwohl meine Familie ihr Bestes getan hatte, um dieses Gefühl mit ihrer Liebe zu heilen. Mein Vater hatte mir oft geraten, mir nicht allzu viele Gedanken darüber zu machen, was mit mir passiert war, bevor er und Mama mich aus dem Kinderheim geholt hatten. »Du würdest dich ohnehin an nichts von dem erinnern, was so früh in deinem Leben passiert ist«, sagte er. In dem Punkt hat er nicht Recht behalten. Mein Nahtoderlebnis hatte mich davon überzeugt, dass ein geheimer Teil von uns auch noch den letzten Aspekt unseres irdischen Lebens aufzeichnet, und dass dieser Aufzeichnungsprozess schon ganz nah am Anfang beginnt. Auf einer präkognitiven und präverbalen Ebene hatte ich mein ganzes Leben lang gewusst, dass ich weggegeben worden war, und auf einer tiefen Ebene mühte ich mich noch damit ab, diese Tatsache zu vergeben.

Solange diese Frage offen blieb, würde eine ablehnende Stimme bleiben. Eine Stimme, die mir eindringlich und sogar hinterhältig sagte, dass meinem Nahtoderlebnis trotz seiner Perfektion und seines Wunders etwas gefehlt hatte, dass etwas »faul« daran war.

Im Prinzip hatte ein Teil von mir immer noch Zweifel an der Echtheit jener verblüffend realen Erfahrung, die ich im tiefen Koma gemacht hatte, und damit auch an der Existenz des ganzen Reiches, das damit in Verbindung stand. Für diesen Teil von mir ergab das Ganze aus wissenschaftlicher Sicht auch weiterhin »keinen Sinn«. Und diese kleine, aber eindringliche Stimme des Zweifels bedrohte nach und nach das gesamte neue Weltbild, das ich langsam aufzubauen begann.

35

Das Foto

Dankbarkeit ist nicht nur die größte aller Tugenden, sondern auch die Mutter von allen.

Cicero (104–48 vor Christus)

Vier Monate nach meiner Entlassung aus dem Krankenhaus kam meine leibliche Schwester Kathy endlich dazu, mir ein Foto unserer gemeinsamen Schwester Betsy zu schicken. Ich war oben in unserem Schlafzimmer, wo meine Odyssee begonnen hatte, als ich den übergroßen Briefumschlag öffnete und ein gerahmtes Hochglanzfarbfoto der Schwester herauszog, die ich nie gekannt hatte. Sie stand, wie ich später herausfinden sollte, an der Anlegestelle der Balboa Island Ferry in der Nähe ihres Hauses in Südkalifornien. Im Hintergrund sah man einen wunderschönen Westküsten-Sonnenuntergang. Betsy hatte lange braune Haare und tiefblaue Augen, und ihr Lächeln, das Liebe und Freundlichkeit ausstrahlte, ging mir durch und durch, während mein Herz schmerzte und gleichzeitig weiter wurde.

Kathy hatte ein Gedicht über dem Foto befestigt. David M. Romano hatte es 1993 geschrieben und es hieß »When Tomorrow Starts Without Me«* (Wenn morgen ohne mich beginnt).

Wenn morgen ohne mich beginnt,
Und ich es nicht mehr sehen kann,
Wenn die Sonne aufgeht und deine Augen
Meinetwegen in Tränen schwimmen,
Dann wünsche ich mir so sehr, dass du nie mehr
So weinst wie heute,
Wenn du an die vielen Dinge denkst,
Die wir nicht mehr sagen konnten.

Ich weiß, wie sehr du mich liebst,
So sehr, wie ich dich liebe,
Und jedes Mal, wenn du an mich denkst,
Weiß ich, dass du mich auch vermisst.
Doch wenn morgen ohne mich beginnt,
Versuche zu verstehen,
Dass ein Engel kam, mich beim Namen rief,
Mich bei der Hand nahm
Und mir sagte, weit oben im Himmel
Sei ein Platz für mich bereit.
Und dass ich alle zurücklassen müsse,
Die ich so sehr liebte.

Doch als ich gerade gehen wollte,
Rollte mir eine Träne über die Wange.
Mein ganzes Leben dachte ich,
Ich wolle nicht sterben.
Ich hatte so viel, für das sich zu leben lohnte,
Wollte noch so viel tun.
Es schien mir fast unmöglich,
Dich zu verlassen.

Ich dachte an alle vergangenen Tage,
Die guten und die schlechten,
An die Liebe, die wir teilten,
An den Spaß, den wir hatten.
Wenn ich gestern aufleben lassen könnte,
Für eine Weile nur,
Würde ich Lebewohl sagen, dich küssen
Und vielleicht lächeln sehen.

Doch dann wurde mir klar,
Dass dies nie sein konnte,
Denn Leere und Erinnerungen
Würden meinen Platz einnehmen.
Und beim Gedanken an die Dinge dieser Welt,
Die ich vermissen würde, wenn morgen kommt,
Dachte ich an dich, und
Kummer erfüllte mein Herz.

Doch als ich durch die Pforten des Himmels trat,
Fühlte ich mich zu Hause.
Als Gott von seinem goldenen Thron

Herabschaute und mich anlächelte,
Sagte er: »Dies ist die Ewigkeit
Und alles, was ich dir versprochen habe.

Ab heute ist dein Leben auf der Erde Vergangenheit,
Doch hier beginnt es neu.
Ich verspreche kein Morgen,
Doch das Heute wird immer währen.
Und weil jeder Tag gleich ist,
Gibt es keine Sehnsucht nach der Vergangenheit.

Du warst so treu,
So vertrauensvoll und so wahr.
Auch wenn du zu manchen Zeiten
Dinge getan hast, die du,
Wie du wusstest, nicht hättest tun sollen.
Doch dir wurde vergeben.
Und nun bis du endlich frei.
Warum also kommst du nicht, nimmst meine Hand
Und teilst dein Leben mit mir?«

Wenn morgen also ohne mich beginnt,
Denk nicht, wir seien weit voneinander entfernt.
Denn immer, wenn du an mich denkst,
Bin ich hier in deinem Herzen.

Meine Augen wurden feucht, als ich das Bild behutsam auf die Kommode stellte und es anstarrte. Sie sah so seltsam, so bewegend bekannt aus. Aber natürlich *musste* sie so ausse- hen. Wir waren Blutsverwandte, und ich hatte mehr DNA mit ihr gemeinsam als mit irgendwelchen anderen Menschen auf diesem Planeten, außer mit meinen beiden anderen biologischen Geschwistern. Ob wir uns nun jemals begegnet sind oder nicht, Betsy und ich waren eng miteinander verbunden.

Am nächsten Morgen war ich in unserem Schlafzimmer und las in dem Buch von Elisabeth Kübler-Ross *Über den Tod und das Leben danach,* als ich auf eine Geschichte über ein zwölfjähriges Mädchen stieß, die ein Nahtoderlebnis gehabt, aber ihren Eltern zunächst nichts davon erzählt hatte. Schließlich konnte sie es nicht länger für sich behalten und vertraute sich ihrem Vater an. Sie erzählte ihm von einer Reise zu einer unglaublichen Landschaft voller Liebe und Schönheit und davon, dass sie dort ihren Bruder getroffen hatte und von ihm getröstet worden war.

»Das einzige Problem ist«, sagte das Mädchen, »dass ich gar keinen Bruder habe.«

Die Augen des Vaters füllten sich mit Tränen. Er erzählte dem Mädchen von dem Bruder, den sie tatsächlich gehabt hatte, der aber drei Monate vor ihrer Geburt gestorben war.

Ich hörte auf zu lesen. Für einen Moment begab ich mich in einen eigenartig benommenen Raum, nicht denkend, sondern nur etwas absorbierend. Ein Gedanke, der direkt am Rande meines Bewusstseins war, aber sich noch nicht ganz Bahn gebrochen hatte.

Dann wanderten meine Augen hinüber zur Kommode und zu dem Foto, das Kathy mir geschickt hatte. Das Foto der Schwester, die ich nie kennengelernt hatte; die ich nur aus den Geschichten kannte, die meine leibliche Familie mir über sie erzählt hatte – Geschichten darüber, was für ein außerordentlich freundlicher und wunderbar fürsorglicher Mensch sie gewesen war. Ein Mensch, hatten sie oft gesagt, so herzensgut, dass sie geradezu ein Engel war.

Ohne das puderblaue und indigofarbene Kleid, ohne das himmlische Licht, das sie im Übergang umgab, während sie auf den wunderschönen Schmetterlingsflügeln saß, war sie zunächst nicht so leicht zu erkennen. Doch das war nur normal. Ich hatte ihr himmlisches Selbst gesehen – das Selbst, das über und jenseits dieses irdischen Bereichs mit all seinen Tragödien und Sorgen lebte.

Aber nun war keine Verwechslung mehr möglich, kein Irrtum, was ihr liebevolles Lächeln betraf, den zuversichtlichen und unendlich tröstenden Blick, die strahlenden blauen Augen.

Sie war es.

Für einen Moment trafen sich die Welten. Meine Welt hier auf der Erde, wo ich Arzt, Vater und Ehemann war. Und die Welt dort draußen – eine Welt, so groß, dass man, wenn man darin reist, das Gefühl für sein irdisches Selbst verliert und ein Teil des Kosmos wird – ein Teil der von Gott durchtränkten und von Liebe erfüllten Dunkelheit.

In diesem einen Moment trafen sich im Schlafzimmer unseres Hauses an einem verregneten Dienstagmorgen die oberen und die unteren Welten. Das Foto zu sehen gab mir das Gefühl, ein kleiner Junge im Märchen zu sein, der in die andere Welt reist und dann wiederkommt und herausfindet, dass alles nur ein Traum war – bis er in seine Tasche schaut und dort eine Handvoll funkelnder Zaubererde aus den jenseitigen Bereichen findet.

Ich hatte mir alle Mühe gegeben, es zu leugnen, aber seit Wochen tobte ein Kampf in meinem Innern. Ein Kampf zwischen dem Teil meines Geistes, der da draußen jenseits des Körpers gewesen war, und dem Arzt, dem Heiler, der sich der Wissenschaft verpflichtet hatte. Ich schaute in das Gesicht meiner Schwester, meines Engels, und wusste – wusste hundertprozentig –, dass die beiden Menschen, die ich in den letzten paar Monaten seit meiner Rückkehr gewesen war, in der Tat ein und derselbe Mensch waren. Ich musste meine Rolle als Arzt, als Wissenschaftler und Heiler und als Subjekt einer sehr unwahrscheinlichen, sehr realen und sehr wichtigen Reise in das Göttliche vollständig annehmen. Das war wichtig. Nicht wegen mir, sondern wegen der fantastischen, bahnbrechend überzeugenden Einzelheiten dahinter. Mein Nahtoderlebnis hatte meine gebrochene Seele geheilt. Es hatte mich wissen lassen, dass ich immer geliebt worden war, und es zeigte mir, dass absolut alles im Universum ebenfalls geliebt wird. Und das war geschehen, während sich mein physischer Körper in einem Zustand befand, der es mir nach dem derzeitigen Stand der medizinischen Wissenschaft eigentlich unmöglich machte, *überhaupt etwas* zu erleben.

Ich weiß, dass es Menschen gibt, die versuchen werden, meine Erfahrung irgendwie zu entkräften, und viele, die sie von vornherein ablehnen, weil sie sich weigern zu glauben, dass das, was ich erlebt habe, eventuell »wissenschaftlich« sein könnte – dass es möglicherweise mehr sein könnte als ein verrückter Fiebertraum.

Aber ich weiß es besser. Und sowohl denen zuliebe, die hier auf der Erde leben, als auch um deretwillen, die ich jenseits dieses Bereichs getroffen habe, betrachte ich – als Wissenschaftler und damit als Wahrheitssucher wie auch als Arzt, der sich verpflichtet hat, Menschen zu helfen – es als meine Pflicht, möglichst viele Menschen wissen zu lassen, dass das, was ich erlebt habe, wahr, real und von atemberaubender Bedeutung ist. Nicht nur für mich, sondern für uns alle.

Auf meiner Reise ging es nicht nur um Liebe, sondern auch darum, wer wir sind und wie wir miteinander in Verbindung stehen – um die eigentliche Bedeutung allen Seins. Dort oben erfuhr ich, wer ich bin, und als ich zurückkam, wurde ich Zeuge, wie die letzten losen Fäden dessen, was ich hier auf der Erde bin, vernäht wurden.

Du wirst geliebt. Das waren die Worte, die ich als Waisenkind, als Kind, das weggegeben worden war, so dringend hören musste. Es sind aber auch genau die Worte, die wir in dieser materiell orientierten Zeit alle hören müssen. Denn wenn es darum geht, wer wir wirklich sind, wo wir wirklich herkommen und wo wir wirklich hingehen, fühlen wir uns (fälschlicherweise) alle wie Waisenkinder. Wenn wir die Erinnerung an unsere größere Verbundenheit und an die bedingungslose Liebe unseres Schöpfers nicht zurückgewinnen, werden wir uns hier auf der Erde immer verloren fühlen.

Hier stehe ich also. Ich bin immer noch Wissenschaftler, ich bin immer noch Arzt, und als solcher habe ich zwei entscheidende Aufgaben: der Wahrheit die Ehre zu geben und zur Heilung beizutragen. Das bedeutet, dass ich meine Geschichte erzählen muss; die Geschichte eines Erlebnisses, von dem ich im Laufe der Zeit immer sicherer bin, dass es mir aus einem bestimmten Grund passiert ist. Nicht, weil ich irgendwie besonders bin. Es ist nur so, dass bei mir zwei Ereignisse in Einklang und Übereinstimmung aufgetreten sind, und gemeinsam brechen sie den letzten Bemühungen der reduktiven Wissenschaft das Genick, der Welt weiszumachen, die materielle Welt sei alles, was existiert, und das Bewusstsein – Ihres und meines – sei nicht das große und zentrale Mysterium des Universums.

Ich bin der lebende Beweis dafür.

Eternea

Mein Nahtoderlebnis hat mich dazu inspiriert, etwas beizutragen, die Welt zu einem besseren Ort für alle zu machen, und Eternea ist das Instrument, um solch einen grundlegenden Wandel möglich zu machen. Eternea ist eine gemeinnützige, mit öffentlichen Mitteln unterstützte Wohlfahrtseinrichtung, die ich gemeinsam mit meinem Freund und Kollegen John R. Audette gegründet habe. Eternea steht für das leidenschaftliche Bemühen, dem großen Ganzen durch Schaffung der bestmöglichen Zukunft für die Erde und ihre Bewohner zu dienen.

Erklärtes Ziel von Eternea ist es, Forschung, Bildung und anwendungsorientierte Programme im Bereich der spirituell transformativen Erfahrungen sowie der Physik des Bewusstseins und der interaktiven Beziehung zwischen Bewusstsein und physikalischer Realität (etwa Materie und Energie) voranzutreiben. Es handelt sich um das organisierte Bestreben, die aus Nahtoderfahrungen gewonnenen Einsichten nicht nur praktisch anzuwenden, sondern sie auch als Fundgrube für alle Arten von spirituell transformativen Erfahrungen zu nutzen.

Bitte besuchen Sie www.Eternea.org, um Ihr eigenes spirituelles Erwachen voranzutreiben oder Ihre persönliche Geschichte einer spirituell transformativen Erfahrung mit anderen zu teilen – oder auch, wenn Sie den Verlust eines geliebten Menschen betrauern oder wenn Sie selbst von einer tödlichen Krankheit betroffen sind oder einem Menschen, den Sie lieben, in einer entsprechenden Situation zur Seite stehen. Eternea bietet zudem Wissenschaftlern, Akademikern, Forschern, Theologen und Angehörigen des Klerus, die an diesem Forschungsgebiet interessiert sind, wertvolle Quellen.

Eben Alexander, M. D.
Lynchburg, Virginia
10. Juli 2012

Dank

Besonders danken möchte ich meiner lieben Familie, und zwar dafür, dass sie den härtesten Teil dieser Erfahrung mit mir durchlitten hat, als ich im Koma lag: Holley, mit der ich seit einunddreißig Jahren verheiratet bin, und unseren wunderbaren Söhnen Eben IV. und Bond, die alle eine wichtige Rolle gespielt haben, als es darum ging, mich wieder hierher zurückzubringen und mir zu helfen, mein Erlebnis später nachzuvollziehen. Zum erweiterten Kreis meiner Familie und Freunde, denen ich danken will, gehören meine geliebten Eltern Betty und Eben Alexander, Jr., sowie meine Schwestern Jean, Betsy und Phyllis, die (zusammen mit Holley, Bond und Eben IV.), während ich im Koma lag, vereinbart hatten, die ganze Woche rund um die Uhr meine Hand zu halten, um sicherzustellen, dass ich ständig ihre liebevolle Berührung spürte. Betsy und Phyllis leisteten hervorragende Arbeit, als sie während meiner ausgewachsenen ICU-Psychose (als ich nachts *überhaupt nicht* schlafen konnte) die Nächte mit mir verbrachten, sowie in jenen ersten sehr unsicheren Tagen und Nächten, nachdem ich auf die Neurologische Step-down-Station gebracht worden war. Peggy Daly (Holleys Schwester) und Sylvia White (seit dreißig Jahren Holleys Freundin) nahmen ebenfalls an der konstanten Nachtwache in meinem Zimmer auf der Intensivstation teil. Ohne die persönlichen und liebevollen Bemühungen dieser Wächterinnen, mich in diese Welt zurückzuholen, hätte ich es nicht geschafft. Ich danke auch Dayton und Jack Slye, die ohne ihre Mutter Phyllis auskommen mussten, während sie bei mir war. Holley, Eben IV., Mama und Phyllis halfen mir später auch bei der kritischen Überarbeitung meiner Geschichte.

Ich danke außerdem: Meiner mir vom Himmel geschickten leiblichen Familie und ganz besonders meiner verstorbenen Schwester, die ebenfalls Betsy heißt und die ich auf dieser Welt nie kennengelernt habe. Meinen fähigen Ärzten am Lynchburg General Hospital (LGH), vor allem Drs. Scott Wade, Robert Brennan, Laura Potter, Michael Milam, Charlie Joseph, Sarah und Tim Hellewell und vielen anderen. Den außerordentlichen Schwestern und anderen Mitarbeitern am LGH: Rhae Newbill, Lisa Flowers, Dana Andrews, Martha Vesterlund, Deanna Tomlin, Valerie Walters, Janice Sonowski, Molly Mannis, Diane Newman, Joanne Robinson, Janet Phillips, Christina Costello, Larry Bowen, Robin Price, Amanda Decoursey, Brooke Reynolds und Erica Stalkner. Ich war im Komazustand und musste anschließend sogar die Namen von Familienangehörigen neu lernen. Also vergeben Sie mir bitte, falls auch Sie dabei waren und Ihr Name hier nicht genannt wird.

Entscheidend für meine Rückkehr waren Michael Sullivan und Susan Reintjes.

Erwähnt werden müssen hier auch: John Audette, Raymond Moody, Bill Guggenheim und Ken Ring, Pioniere in der Gemeinschaft derer, die sich mit Nahtoderlebnissen beschäftigen. Ihr Einfluss auf mich war von unermesslicher Bedeutung (nicht zu vergessen Bills hervorragender redaktioneller Beistand).

Dankbar bin ich auch anderen führenden Denkern der »Virginia Consciousness«-Bewegung, wie Drs. Bruce Greyson, Ed Kelly, Emily Williams Kelly, Jim Tucker, Ross Dunseath und Bob Van de Castle.

Danken möchte ich ferner meiner Literaturagentin Gail Ross und ihrem wunderbaren Partner Howard Yoon sowie anderen von der Ross-Yoon-Agentur, die der Himmel mir geschickt hat; Ptolemy Tompkins für seine wissenschaftlichen Beiträge vor dem Hintergrund unvergleichlicher Kenntnisse der Literatur mehrerer Jahrtausende über das Leben nach dem Tod und für seine hervorragenden redaktionellen und schriftstellerischen Fähigkeiten, mit denen er meine Erfahrung in dieses Buch gewebt hat und ihr wirklich so gerecht wurde, wie sie es verdient hat; Priscilla Painton, Vizepräsidentin und Programmleiterin, sowie Jonathan Karp, Verlagsleiter bei Simon & Schuster, für ihren außerordentlichen Weitblick und die Leidenschaft, mit der sie diese Welt zu einem besseren Ort machen.

Marvin und Terre Hamlisch, wunderbare Freunde, deren Enthusiasmus und leidenschaftliches Interesse mich durch eine schwierige Zeit getragen haben.

Terri Beavers und Margaretta McIlvaine für ihre brillante Verbindung von Heilung und Spiritualität.

Karen Newell danke ich dafür, dass sie die Ergebnisse von Untersuchungen tiefenbewusster Zustände weitergegeben hat, und dafür, dass sie »Sei die Liebe, die du bist« lehrte, und den anderen Wundertätern vom Monroe-Institut in Faber, Virginia, vor allem Robert Monroe, der verfolgte, was *ist*, und nicht nur, was *sein sollte;* Carol Sabick de la Herran und Karen Malik, die Kontakt zu mir aufgenommen haben, sowie Paul Rademacher und Skip Atwater, die mich in der liebevollen Gemeinschaft auf den himmlischen Hochgebirgswiesen in Zentral-Virginia willkommen hießen. Mein Dank geht auch an Kevin Kossi, Patty Avalon, Penny Holmes, Joe und Nancy »Scooter« Mc-Moneagle, Scott Taylor, Cindy Johnston, Amy Hardie, Loris Adams und alle meine Gateway-Voyager-Kollegen am Monroe Institute im Februar 2011; ferner an meine Moderatoren (Charleene Nicely, Rob Sandstrom und Andrea Berger), meine Lifeline-Teilnehmerkollegen und meine Moderatoren (Franceen King und Joe Gallenberger) im Juli 2011.

Ich danke meinen guten Freunden und Kritikern Jay Gainsboro, Judson Newbern, Dr. Allan Hamilton und Kitch Carter, die frühe Versionen dieses Manuskripts gelesen und gespürt haben, wie frustriert ich war, als ich mein spirituelles Erlebnis mit der Neurowissenschaft in Einklang zu bringen versuchte. Judson und Allan haben mir sehr geholfen, als es darum ging, die wahre Kraft meines Erlebnisses aus Sicht des Wissenschaftlers/Skeptikers anzuerkennen, und Jay hat mich dabei unterstützt, dies aus der Perspektive des Wissenschaftlers/Mystikers zu tun.

Dankbar bin ich zudem meinen Miterforschern des Tiefenbewusstseins und des Einsseins, zu denen Elke Siller Macartney und Jim Macartney gehören; Andrea Curewitz für ihren exzellenten redaktionellen Rat und Carolyn Tyler für ihre seelenvolle Begleitung bei der Entwicklung eines Verständnisses meines Nahtoderlebnisses (beide hatten selbst ein solches Erlebnis); Blitz und Heidi James, Susan Carrington, Mary Horner, Mimi Sykes und Nancy Clark, deren Mut und Glaube angesichts eines unfassbaren Verlusts mir half, mein Geschenk zu würdigen; Janet Sussman, Martha Harbison, Shobhan (Rick) und Danna Faulds, Sandra Glickman und Sharif Abdullah, Mitreisenden, die ich am 11.11.2011 erstmals traf und die mit mir zusammengekommen sind, um unsere sieben optimistischen Visionen einer strahlenden, bewussten Zukunft für die ganze Menschheit mit anderen zu teilen.

Es gibt noch viele andere Menschen, denen ich danken möchte, etwa den vielen Freunden, die meiner Familie in dieser schwierigen Zeit mit Rat und Tat zur Seite standen und deren aufmerksame Kommentare und Beobachtungen nicht nur meiner Familie sehr geholfen haben, sondern auch das Erzählen meiner Geschichte begleiteten: Judy und Dickie Stowers, Susan Carrington, Jackie und Dr. Ron Hill, Drs. Mac McCrary und George Hurt, Joanna und Dr. Walter Beverly, Catherine und Wesley Robinson, Bill und Patty Wilson, DeWitt und Jeff Kierstead, Toby Beavers, Mike und Linda Milam, Heidi Baldwin, Mary Brockman, Karen und George Lupton, Norm und Paige Darden, Geisel und Kevin Nye, Joe und Betty Mullen, Buster und Lynn Walker, Susan Whitehead, Jeff Horsley, Clara Bell, Courtney und Johnny Alford, Gilson und Dodge Lincoln, Liz Smith, Sophia Cody, Lone Jensen, Suzanne und Steve Johnson, Copey Hanes, Bob und Stephanie Sullivan,

Diane und Todd Vie, Colby Proffitt, die Familien Taylor, Reams, Tatom, Heppner, Sullivan und Moore und so viele andere.

Ich empfinde eine grenzenlose Dankbarkeit, ganz besonders gegenüber Gott.

Literatur

Atwater, F. Holmes: *Captain of My Ship, Master of My Soul.* Charlottesville, VA: Hampton Roads, 2001.

Atwater, P. M. H: *Near-Death Experiences. The Rest of the Story.* Charlottesville, VA: Hampton Roads, 2011.

Bache, Christopher: *Dark Night, Early Dawn. Steps to a Deeper Ecology of Mind.* Albany, NY: State University of New York Press, 2000.

Buhlman, William: *Secrets of the Soul. Astralreisen – Wege zu unserer wahren Natur.* München: Ansata, 2003.

Callanan, Maggie, und Patricia Kelley: *Mit Würde aus dem Leben gehen.* München: Droemer Knaur, 1993.

Carhart-Harris, RL, et al.: »Neural correlates of the psychedelic state determined by fMRI studies with psilocybin«, *Proc. Nat. Acad. Of Sciences* 109, No. 6 (Feb. 2012): 2138–2143.

Carter, Chris: *Science and the Near-Death Experience. How Consciousness Survives Death.* Rochester, VT: Inner Traditions, 2010.

Chalmers, David J.: *The Conscious Mind. In Search of a Fundamental Theory.* Oxford: Oxford University Press, 1996.

Churchland, Paul M.: *Die Seelenmaschine. Eine philosophische Reise ins Gehirn.* Heidelberg: Spektrum, 1997.

Collins, Francis S.: *Gott und die Gene. Ein Naturwissen-schaftler begründet seinen Glauben.* Gütersloh: Gütersloher Verlagshaus, 2007.

Conway, John, und Simon Kochen: »The free will theorem«. *Foundations of Physics* (Springer Netherlands) 36, No. 10 (2006): 1441–73.

—: »The strong free will theorem«. *Notices of the AMS* 56, No. 2 (2009): 226–32.

Dalai Lama: *Die Welt in einem einzigen Atom. Meine Reise durch Wissenschaft und Buddhismus.* Berlin: Theseus, 2005.

Davies, Paul: *Der Plan Gottes. Die Rätsel unserer Existenz und die Wissenschaft.* Frankfurt: Insel, 1996.

D'Souza, Dinesh: *Leben nach dem Tod. Warum es nicht irrational, sondern logisch ist, an das Jenseits zu glauben.* München: Goldmann, 2011.

Dupré, Louis, und James A. Wiseman: *Light from Light. An Anthology of Christian Mysticism.* Mahwah, NJ: Paulist Press, 2001.

Eadie, Betty J.: *Licht am Ende des Lebens. Bericht einer außergewöhnlichen Nah-Todeserfahrung.* München: Droemer Knaur, 2000.

Edelman, Gerald M., und Giulio Tononi: *Gehirn und Geist. Wie aus Materie Bewusstsein entsteht.* München: C. H. Beck, 2002.

Fox, Matthew, und Rupert Sheldrake: *Engel – die kosmische Intelligenz.* München: Kösel, 1998.

Fredrickson, Barbara: *Die Macht der guten Gefühle. Wie eine positive Haltung Ihr Leben dauerhaft verändert.* Frankfurt: Campus, 2011.

Guggenheim, Bill, und Judy Guggenheim: *Trost aus dem Jenseits. Unerwartete Begegnungen mit Verstorbenen.* Frankfurt: Scherz, 2010.

Hagerty, Barbara Bradley: *Fingerprints of God.* New York: Riverhead Hardcover, 2009.

Haggard, P., und M. Eimer: »On the relation between brain potentials and conscious awareness«. *Experimental Brain Research* 126 (1999): 128–33.

Hamilton, Allan J.: *Skalpell und Seele. Was die Medizin nicht erklären kann.* Reinbek: Rowohlt, 2010.

Hofstadter, Douglas R.: *Gödel, Escher, Bach. Ein endloses geflochtenes Band.* München: dtv, 1985.

Holden, Janice Miner, Bruce Greyson und Debbie James., Hg.: *The Handbook of Near-Death Experiences. Thirty Years of Investigation.* Santa Barbara, CA: Praeger, 2009.

Houshmand, Zara, Robert B. Livingston und B. Alan Wallace., Hg.: *Consciousness at the Crossroads. Conversations with the Dalai Lama on Brain Science and Buddhism.* Ithaca, NY: Snow Lion, 1999.

Jahn, Robert G., und Brenda J. Dunne: *An den Rändern des Realen. Über die Rolle des Bewusstseins in der physikalischen Welt.* Altkirchen bei München: M-TEC, 2006 (3. Auflage).

Jampolsky, Gerald G.: *Lieben heißt, die Angst verlieren.* München: Goldmann, 2005.

Jensen, Lone: *Gifts of Grace. A Gathering of Personal Encounters with the Virgin Mary.* New York: HarperCollins, 1995.

Johnson, Timothy: *Finding God in the Questions. A Perso-*

nal Journey. Downers Grove, IL: InterVarsity Press, 2004.

Kauffman, Stuart A.: *Der Öltropfen im Wasser. Chaos, Komplexität, Selbstorganisation in Natur und Gesellschaft.* München: Piper, 1996.

Kelly, Edward F., Emily Williams Kelly, Adam Crabtree, Alan Gauld, Michael Grosso und Bruce Greyson: *Irreducible Mind. Toward a Psychology for the 21st Century.* Lanham, MD: Rowman & Littlefield, 2007.

Koch, C., und K. Hepp: »Quantum mechanics and higher brain functions: Lessons from quantum computation and neurobiology«. *Nature* 440 (2006): 611–12.

Kübler-Ross, Elisabeth: *Über den Tod und das Leben danach.* Güllesheim: Silberschnur, 2012.

LaBerge, Stephen, und Howard Rheingold. *Exploring the World of Lucid Dreaming.* New York: Ballantine Books, 1990.

Lau, HC, R. D. Rogers, P. Haggard und R. E. Passingham: »Attention to intention«. *Science* 303 (2004): 1208–10.

Laureys, S.: »The neural correlate of (un)awareness: Lessons from the vegetative state«. »Trends in Cognitive Science«. *Cognitive Science* 9 (2005): 556–59.

Libet, B, C. A. Gleason, E. W. Wright und D. K. Pearl: »Time of conscious intention to act in relation to onset of cerebral activity (readiness-potential): The unconscious initiation of a freely voluntary act«. *Brain* 106 (1983): 623–42.

Libet, Benjamin: *Mind Time. Wie das Gehirn Bewusstsein produziert.* Frankfurt: Suhrkamp, 2007.

Llinás, Rodolfo R.: *I of the Vortex. From Neurons to Self.* Cambridge, MA: MIT Press, 2001.

Lockwood, Michael: *Mind, Brain & the Quantum: The Compound ›I‹.* Oxford: Basil Blackwell, 1989.

Long, Jeffrey, und Paul Perry: *Beweise für ein Leben nach dem Tod. Die umfassende Dokumentation von Nahtoderfahrungen aus der ganzen Welt.* München: Goldmann, 2010.

McMoneagle, Joseph: *Mind Trek. Autobiographie eines Psi-Agenten.* Aachen: Omega, 2000.

—: *Remote Viewing Secrets: A Handbook.* Charlottesville, VA: Hampton Roads, 2000.

Mendoza, Marilyn A.: *We Do Not Die Alone. »Jesus Is Coming to Get Me in a White Pickup Truck«.* Duluth, GA: I CAN, 2008.

Monroe, Robert A.: *Der zweite Körper. Astral- und Seelenreisen in ferne Sphären der geistigen Welt.* München: Heyne, 2007.

—: *Der Mann mit den zwei Leben.* München: Heyne, 2005.

—: *Über die Schwelle des Irdischen hinaus. Reisen in die Dimensionen jenseits von Tod und Materie.* München: Heyne, 2006.

Moody, Raymond A.: *Leben nach dem Tod. Die Erforschung einer unerklärlichen Erfahrung.* Reinbek: Rowohlt, 2001.

Moody, Raymond, Jr., und Paul Perry: *Zusammen im Licht. Was Angehörige mit Sterbenden erleben.* München: Goldmann, 2011.

Moorjani, Anita: *Heilung im Licht: Wie ich durch eine Nahtoderfahrung den Krebs besiegte und neu geboren wurde.* München: Goldmann, 2012.

Morinis, E. Alan: *Everyday Holiness: The Jewish Spiritual Path of Mussar.* Boston: Shambhala, 2007.

Mountcastle, Vernon: »An Organizing Principle for Cerebral Functions: The Unit Model and the Distributed System« in *The Mindful Brain,* hg. von Gerald M. Edelman und Vernon Mountcastle, pp. 7–50. Cambridge, MA: MIT Press, 1978.

Murphy, Nancey, Robert J. Russell und William R. Stoeger, Hg.: *Physics and Cosmology – Scientific Perspectives on the Problem of Natural Evil.* Notre Dame, IN: Vatican Observatory and Center for Theology and the Natural Sciences, 2007.

Neihardt, John G.: *Black Elk Speaks: Being the Life Story of a Holy Man of the Oglala Sioux.* Albany: State University of New York Press, 2008.

Nelson, Kevin: *The Spiritual Doorway in the Brain: A Neurologist's Search for the God Experience.* New York: Penguin, 2011.

Nord, Warren A.: *Ten Essays on Good and Evil.* Chapel Hill: University of North Carolina Program in Humanities and Human Values, 2010.

Pagels, Elaine: *Versuchung durch Erkenntnis. Die gnostischen Evangelien.* Frankfurt: Insel, 1985.

Peake, Anthony: *The Out-of-Body Experience: The History and Science of Astral Travel.* London: Watkins, 2011.

Penrose, Roger: *Zyklen der Zeit. Eine neue ungewöhnliche Sicht des Universums.* Heidelberg: Spektrum, 2011.

—: *Computerdenken. Des Kaisers neue Kleider oder Die Debatte um Künstliche Intelligenz.* Heidelberg: Spektrum, 1991.

—: *The Road to Reality: A Complete Guide to the Laws of the Universe.* New York: Vintage Books, 2007.

—: *Schatten des Geistes. Wege zu einer neuen Physik des Bewusstseins.* Heidelberg: Spektrum, 1995.

Penrose, Roger, Malcolm Longair, Abner Shimony, Nancy Cartwright und Stephen Hawking: *Das Große, das Kleine und der menschliche Geist.* Heidelberg: Spektrum, 2002.

Piper, Don, und Cecil Murphey: *90 Minuten im Himmel. Erfahrungen zwischen Leben und Tod.* Asslar: Gerth Medien, 2007.

Reintjes, Susan: *Third Eye Open – Unmasking Your True Awareness.* Carrboro, NC: Third Eye Press, 2003.

Ring, Kenneth, und Sharon Cooper: *Wenn Blinde sehen. Mindsight – Nahtoderfahrungen von Blinden.* Goch: Santiago, 2011.

Ring, Kenneth, und Evelyn Elsaesser Valarino: *Was wir aus Nahtoderfahrungen für das Leben gewinnen. Der Lebensrückblick als ultimatives Lerninstrument.* Goch: Santiago, 2009.

Rosenblum, Bruce, und Fred Kuttner: *Quantum Enigma: Physics Encounters Consciousness.* New York: Oxford University Press, 2006.

Schroeder, Gerald L.: *The Hidden Face of God: How Science Reveals the Ultimate Truth.* New York: Simon & Schuster, 2001.

Schwartz, Robert: *Jede Seele plant ihren Weg. Warum leidvolle Erfahrungen nicht sinnlos sind.* München: Ansata, 2012.

Smolin, Lee: *Die Zukunft der Physik. Probleme der String-Theorie und wie es weitergeht.* München: DVA, 2009.

Stevenson, Ian: *Reinkarnation. Der Mensch im Wandel von Tod und Wiedergeburt. 20 überzeugende und wissenschaftlich bewiesene Fälle*. Bielefeld: Aurum, 2003.

Sussman, Janet Iris: *The Reality of Time*. Fairfield, IA: Time Portal, 2005.

—: *Timeshift: The Experience of Dimensional Change*. Fairfield, IA: Time Portal, 1996.

Swanson, Claude: *Life Force, the Scientific Basis: Volume Two of the Synchronized Universe*. Tucson, AZ: Poseidia Press, 2010.

—: *The Synchronized Universe: New Science of the Paranormal*. Tucson, AZ: Poseidia Press, 2003.

Talbot, Michael: *Das holographische Universum*. München: Droemer Knaur, 1992.

Tart, Charles T.: *The End of Materialism: How Evidence of the Paranormal Is Bringing Science and Spirit Together.* Oakland, CA: New Harbinger, 2009.

Taylor, Jill Bolte: *Mit einem Schlag. Wie eine Hirnforscherin durch ihren Schlaganfall neue Dimensionen des Bewusstseins entdeckt*. München: Droemer Knaur, 2008.

Tipler, Frank J.: *Die Physik der Unsterblichkeit. Moderne Kosmologie, Gott und die Auferstehung der Toten*. München: Piper, 2001.

Tompkins, Ptolemy: *The Modern Book of the Dead: A Revolutionary Perspective on Death, the Soul, and What Really Happens in the Life to Come*. New York: Atria Books, 2012.

Tononi, G.: »An information integration theory of consciousness«. *BMC Neuroscience* 5 (2004): 42–72.

Tucker, J. B.: *Life Before Life: A Scientific Investigation of*

Children's Memories of Previous Lives. New York: St. Martin's, 2005.

Tyrrell, G. N. M.: *Man the Maker: A Study of Man's Mental Evolution.* New York: Dutton, 1952.

Van Lommel, Pim: *Endloses Bewusstsein. Neue medizinische Fakten zur Nahtoderfahrung.* Ostfildern: Patmos, 2011.

Waggoner, Robert: *Lucid Dreaming: Gateway to the Inner Self.* Needham, MA: Moment Point Press, 2008.

Wegner, D. M.: *The Illusion of Conscious Will.* Cambridge, MA: MIT Press, 2002.

Weiss, Brian L.: *Die zahlreichen Leben der Seele. Die Chronik einer Reinkarnationstherapie.* München: Goldmann, 1994.

Whiteman, J. H. M.: *The Mystical Life: An Outline of Its Nature and Teachings from the Evidence of Direct Experience.* London: Faber & Faber, 1961.

Wigner, Eugene: »The Unreasonable Effectiveness of Mathematics in the Natural Sciences«. *Communications in Pure and Applied Mathematics* 13, no. 1 (1960).

Wilber, Ken., Hg.: *Quantum Questions.* Boston: Shambhala, 1984.

Williamson, Marianne: *Rückkehr zur Liebe. Harmonie, Lebenssinn und Glück durch »Ein Kurs in Wundern«.* München: Goldmann, 1993.

Ziewe, Jurgen: *Multidimensional Man.* Selbstverlag, 2008.

Zukav, Gary: *Die tanzenden Wu Li Meister. Der östliche Pfad zum Verständnis der modernen Physik. Vom Quantensprung zum schwarzen Loch.* Reinbek: Rowohlt, 2012.

Anhang A

Stellungnahme von Scott Wade, M. D.

Als Spezialist für Infektionskrankheiten wurde ich gebeten, mir Dr. Eben Alexander anzusehen, nachdem er am 10. November 2008 ins Krankenhaus eingeliefert und eine bakterielle Meningitis bei ihm festgestellt worden war. Dr. Alexander war schnell erkrankt und hatte zunächst grippeähnliche Symptome, Rücken- und Kopfschmerzen. Er war unverzüglich in die Notaufnahme gebracht worden, wo zuerst eine CT-Schichtaufnahme von seinem Kopf gemacht worden war und dann eine Lumbalpunktion, bei der man zerebrospinale Flüssigkeit entnahm, die auf eine gramnegative Meningitis hinwies. Er wurde sofort intravenös mit entsprechenden Antibiotika behandelt und wegen seines kritischen Zustandes und weil er im Koma lag, an ein Beatmungsgerät angeschlossen. Innerhalb von vierundzwanzig Stunden stand fest, dass es sich bei den gramnegativen Bakterien im Liquor um *E.-coli*-Bakterien handelte. Eine *E.-coli*-Meningitis ist eine Infektion, die bei Kleinkindern häufiger, aber bei Erwachsenen sehr selten vorkommt (in den Vereinigten Staaten von Amerika in weniger als einem von zehn Millionen Fällen jährlich), vor allem, wenn kein Schädelhirntrauma und keine Gehirnoperation vorausgegangen ist und auch keine chronische Erkrankung wie beispielsweise Diabetes vorliegt. Dr. Alexander war zum Zeitpunkt der Diagnosestellung ansonsten kerngesund, und es konnte keine tieferliegende Ursache für seine Meningitis gefunden werden.

Bei Kindern und Erwachsenen mit gramnegativer Meningitis liegt die Sterblichkeitsrate zwischen 40 und 80 Prozent. Dr. Alexander wurde mit Krampfanfällen und einem deutlich veränderten Geisteszustand ins Krankenhaus eingeliefert. Beides sind Risikofaktoren für neurologische Komplikationen oder Tod (die Sterblichkeitsrate liegt über 90 Prozent). Trotz einer sofortigen, aggressiven Antibiotika-Behandlung seiner *E.-coli*-Meningitis und kontinuierlicher Pflege auf der Intensivstation lag er sechs Tage im Koma, und die Hoffnung auf eine schnelle Genesung schwand (die Sterblichkeitsrate liegt hier bei über 97 Prozent). Dann, am siebten Tag, geschah das Wunderbare: Er öffnete die Augen, wurde wach und konnte schnell von dem Beatmungsgerät entwöhnt werden. Die Tatsache, dass er sich danach vollkommen von seiner Erkrankung erholt hat, obwohl er fast eine Woche im Koma gelegen hat, ist wirklich bemerkenswert.

Scott Wade, M. D.

Anhang B

Neurowissenschaftliche Hypothesen, die ich einbezogen habe, um meine Erfahrung zu erklären

Als ich meine Erinnerungen mit mehreren anderen Neurochirurgen und Wissenschaftlern durchging, zog ich einige Hypothesen in Betracht, die meine Erinnerungen vielleicht erklären konnten. Um es gleich auf den Punkt zu bringen: Sie alle konnten nicht erklären, wie es zu der reichen, stabilen und vielschichtigen Interaktivität meiner Erfahrung im Übergang und im Zentrum (der »Ultra-Realität«) gekommen ist. Zu diesen Hypothesen gehören:

1. Ablaufen eines primitiven Stammhirn-Programms, um letale Schmerzen und entsprechendes Leiden zu lindern (»evolutionäres Argument« – möglicherweise ein Relikt der »Totstell«- oder Scheintod-Strategien, die von niederen Säugetieren eingesetzt werden). Dies konnte die stabile, hochgradig interaktive Natur meiner Erinnerungen nicht erklären.

2. Der verzerrte Rückgriff auf Erinnerungen aus tieferen Teilen des limbischen Systems (beispielsweise der lateralen Amygdala), über dem genügend Gehirnmasse liegt, um relativ gut vor einer meningitischen Entzündung geschützt zu sein, die hauptsächlich an der Oberfläche

des Gehirns auftritt. Auch das konnte die stabile, hochgradig interaktive Natur meiner Erinnerungen nicht erklären.

3. Endogene Glutamatblockade mit Excitotoxizität, die das halluzinogene Anästhetikum Ketamin nachahmt (gelegentlich werden Nahtoderlebnisse ganz allgemein damit erklärt). Ich habe die Wirkung von Ketamin, das als Anästhetikum eingesetzt wurde, zu Beginn meiner Laufbahn als Neurochirurg an der Harvard Medical School in einigen Fällen beobachten können. Der halluzinatorische Zustand, der dadurch erzeugt wurde, war höchst chaotisch und unangenehm und hatte keine wie auch immer geartete Ähnlichkeit mit meinem Erlebnis im Koma.

4. N,N-Dimethyltryptamin (DMT)-Ausschüttung (aus der Zirbeldrüse oder anderen Bereichen des Gehirns). DMT, ein natürlich vorkommender Serotoninagonist (vor allem an den Rezeptoren 5-HT1A, 5-HT2A und 5-HT2C), verursacht lebhafte Halluzinationen und einen traumähnlichen Zustand. Ich bin durch meine Teenagerzeit in den frühen 1970er-Jahren mit Drogen vertraut, die Agonisten oder Antagonisten von Serotonin sind (das heißt, mit LSD und Meskalin). Mit DMT habe ich keine persönlichen Erfahrungen gemacht, aber ich habe Patienten gesehen, die unter seinem Einfluss standen. Die reiche Ultra-Realität setzt dennoch einen ziemlich intakten auditiven und visuellen Neokortex als Zielregion voraus, in der eine so reiche audiovisuelle Erfahrung, wie ich sie im Koma hatte, erzeugt werden kann. Das längere Koma aufgrund

der bakteriellen Meningitis hatte meinen Neokortex schwer geschädigt, und nur dort hätte das ganze Serotonin aus den Raphe-Kernen im Stammhirn (oder der Serotoninagonist DMT) seine Wirkung auf das audiovisuelle Erleben entfalten können. Aber mein Kortex war ausgeschaltet gewesen, und das DMT hätte an keinem anderen Ort im Gehirn wirksam werden können. Die DMT-Hypothese scheitert an der Ultra-Realität des audio-visuellen Erlebnisses und dem Ausfall des Kortex, auf den sich das DMT hätte auswirken können.

5. Einige meiner Erlebnisse könnte man auf die Erhaltung einzelner isolierter kortikaler Regionen zurückführen, doch deren Erhalt war angesichts der Schwere meiner Meningitis und der eine Woche andauernden Resistenz gegen jede Therapie höchst unwahrscheinlich: Die Anzahl der peripheren Leukozyten lag bei über 27 000 pro mm³, die der stabkernigen neutrophilen Granulozyten mit toxischer Granulation bei 31 Prozent, die der CSF-Leukozyten (weiße Blutkörperchen in der zerebrospinalen Flüssigkeit (cerebrospinal fluid = CSF)) bei über 4 300 pro mm³, die CSF-Glukose war auf 1,0 mg/dl gesunken, das CSF-Protein lag bei 1,340 mg/dl. Auf meinem vergrößerten CT-Scan waren ein weit ausgebreiteter meningealer Befall sowie damit verbundene Hirnanomalien zu sehen, und neurologische Untersuchungen ergaben erhebliche Veränderungen der kortikalen Funktionen und eine Dysfunktion der extraokularen Motilität, was auf eine Schädigung des Stammhirns schließen ließ.

6. In dem Bemühen, die »Ultra-Realität« meiner Erfahrung zu erklären, habe ich auch diese Hypothese geprüft: Könnten überwiegend Netzwerke aus inhibitorischen Neuronen betroffen gewesen sein, was ungewöhnlich hohe Aktivitätsniveaus in den exzitatorischen neuronalen Netzwerken ermöglichte und die scheinbare »Ultra-Realität« meines Erlebnisses erzeugte? Man würde erwarten, dass eine Meningitis vor allem den oberflächlichen Kortex beeinträchtigt und möglicherweise tiefere Schichten teilweise funktionsfähig lässt. Die Recheneinheit des Neokortex ist die sechsschichtige »funktionale Säule«, wobei jede Schicht einen lateralen Durchmesser von 0,2–0,3 mm hat. Lateral gibt es als Reaktion auf regulierende Kontrollsignale, die größtenteils aus subkortikalen Regionen (Thalamus, Basalganglien und Stammhirn) stammen, eine signifikante Vernetzung mit unmittelbar angrenzenden Säulen. Jede funktionale Säule hat eine Komponente an der Oberfläche (Schichten 1–3). Eine Meningitis setzt die jeweilige Säule also allein dadurch außer Funktion, dass sie die Oberflächenschichten des Kortex zerstört. Die anatomische Verteilung der inhibitorischen und exzitatorischen Zellen, die ziemlich gleichmäßig innerhalb der sechs Schichten verteilt sind, stützt diese Hypothese nicht. Eine ausgedehnte Meningitis, von der die Oberfläche des Gehirns betroffen ist, schaltet aufgrund dieser Säulenarchitektur den gesamten Neokortex wirksam aus. Für einen Totalzusammenbruch ist keine vollständige Zerstörung aller Schichten nötig. Angesichts der langen Phase, in der

ich höchst dürftige neurologische Funktionen aufwies (sieben Tage), und der Schwere meiner Infektion dürften auch die tieferen Schichten des Kortex nicht mehr funktioniert haben.

7. Der Thalamus, die Basalganglien und das Stammhirn sind tiefere Gehirnstrukturen (»subkortikale Regionen«), die nach Ansicht einiger Kollegen zur Verarbeitung derart hyperrealer Erfahrungen beigetragen haben könnten. Doch eigentlich konnte keine dieser Strukturen eine derartige Rolle spielen, wenn nicht zumindest einige Bereiche des Neokortex noch intakt waren. Letzten Endes waren sich alle einig, dass diese subkortikalen Strukturen die intensiven neuronalen Leistungen, die ein so hochgradig interaktiver Erlebnisgobelin erforderte, allein nicht hätten erbringen können.

8. Ein »Neustart-Phänomen« mit einem ungeordneten Haufen von grotesken und zusammenhanglosen Erinnerungen als Überreste alter Erinnerungen im beschädigten Neokortex, das auftreten könnte, wenn der Kortex nach einem längeren Systemausfall, wie er durch meine ausgedehnte Meningitis hervorgerufen worden war, wieder neu ins Bewusstsein gestartet wird. Dies scheint besonders angesichts der Feinheiten meiner in sich stimmigen und vielschichtigen Erinnerungen höchst unwahrscheinlich.

9. Ungewöhnliche Erinnerungserzeugung über eine archaische Sehbahn durch das Mittelhirn, die vor allem von Vögeln genutzt wird, bei Menschen aber nur sehr selten feststellbar ist. Sie kann bei Menschen mit einer

durch eine Schädigung des Okzipitallappens verur-
sachten Rindenblindheit nachgewiesen werden. Dies
erklärt aber weder die Ultra-Realität, die ich erlebt
habe, noch die auditiv-visuelle Verzahnung meiner
Erinnerungen.